Grönland

Nordsee

Oslo

London

Hamburg,
13. Mai 1939

Antwerpen,
17. Juni 1939

A t l a n t i s c h e r

O z e a n

Azoren

Lissabon

Madeira

Casablanca

Kanarische
Inseln

Nördlicher Wendekreis

Kapverdische
Inseln

Dakar

Lagos

N

0   1000 km

Hans Herlin

Die Tragödie der ›St. Louis‹

Hans Herlin

Die Tragödie der ›St. Louis‹

13. Mai – 17. Juni 1939

Mit 22 Abbildungen
und Dokumenten

Herbig

Die Originalausgabe dieses Buches
erschien 1961 unter dem Titel »Kein gelobtes Land«

Dokumentation und Interviews:
Zwy Aldonby, Carl-Heinz Mühmel, Yvonne Spiegelberg
Zeittafel: Arnim v. Manikowsky

Bildnachweis:
Associated Press 1, European 3, Hapag 4, Anna Herz 1,
Eitel Lange 1, Yvonne Spiegelberg 1, Ullstein 1,
United Press International 3, Wiener Library 2,
Archiv der Buchverlage Langen Müller Herbig 1

So 14. 7. 2024 bb Hermsdorf

Neuausgabe 2001

© 1979 by Limes Verlag
in der F. A. Herbig Verlagsbuchhandlung
GmbH, München

Alle Rechte vorbehalten
Schutzumschlag: Wolfgang Heinzel
Umschlagbild: SV-Bilderdienst, München
Karte (Vorsatz und Nachsatz):
Eckehard Radehose, Holzkirchen
Herstellung und Satz: VerlagsService Dr. Helmut Neuberger
& Karl Schaumann GmbH, Heimstetten
Gesetzt aus der 11/14,6 Punkt Stempel-Garamond
Druck und Binden: Wiener Verlag, Himberg
Printed in Austria
ISBN 3-7766-2242-3

Inhalt

Inhalt

In memoriam
der Frauen, Kinder und Männer der ›St. Louis‹,
die die Freiheit suchten – und den Tod fanden

Zu diesem Buch

Dieser Bericht erzählt von über 900 Frauen, Kindern und Männern, die an Bord des deutschen Luxusschiffes ›St. Louis‹ dem Land, das ihre Heimat war, zu entfliehen versuchten. Ihre Pässe trugen ein rotes ›J‹. Niemand glaubte, daß sie zu Hauptakteuren in einer der vielen Tragödien werden sollten, die sich 1939 bei der jüdischen Auswanderung abspielten – der Tragödie der ›St. Louis‹.

Noch gab es keinen Krieg. Noch waren die Grenzen nicht geschlossen. Noch fuhren Schiffe in die Freiheit. Aber die Flucht der Neunhundert wurde zu einer dramatischen Irrfahrt über den Ozean. Damals beherrschte diese Geschichte einige Wochen lang die Schlagzeilen der Weltpresse. Aber die ganze Geschichte, warum die Passagiere der ›St. Louis‹ ihr letztes Geld für eine vergebliche und qualvolle Reise hergaben, warum sie nirgends aufgenommen wurden, ist damals nicht bekanntgeworden.

Ich selbst hörte 1947 zum erstenmal von der ›St. Louis‹. Das Schiff lag, nach einem Bombenangriff Ende des Krieges halb ausgebrannt, als Hotelschiff im Hamburger Hafen an den Landungsbrücken. Zehn Jahre später – die ›St. Louis‹ war längst verschrottet – las ich, daß der Kapitän des Schiffes mit dem Bundesverdienstkreuz ausgezeichnet werden sollte. Die Begründung: Verdienste um Volk und Land bei der Rettung von Emigranten.

9

Bei der Verleihung am 4. Februar 1957 im Dienstzimmer des Präses der Behörde für Wirtschaft und Verkehr sah ich den Kapitän der ›St. Louis‹ zum ersten Mal. Gustav Schröder war damals 72. Er wirkte noch kleiner und zierlicher, als er war. Er schien stolz über die Auszeichnung und doch wieder unbeteiligt, so als nehme er sie für einen anderen entgegen. Nachher kam es unten in der Halle zu einer unerwarteten eigenartigen Begegnung; ein Mann ging, auf seinen Stock gestützt, auf Schröder zu. Sie hätten Brüder sein können, und sie waren wirklich im gleichen Monat und im gleichen Jahr geboren –, er ging auf Schröder zu, er nahm den Stock von der rechten in die linke Hand. Dann sagte er, ohne seinen Namen zu nennen: »Ich habe etwas nachzuholen.« Er streckte dem ehemaligen Kapitän der ›St. Louis‹ die rechte Hand hin.

Schröder nahm sie, ein wenig verwundert. »Sie können mich nicht kennen«, erklärte der Mann. »Ich war damals in Kuba und wartete auf meine Familie. Ich habe erst später erfahren, was Sie für die Passagiere der ›St. Louis‹ getan haben.«

Sein Name war Moritz Heymann. Er war Stellas Vater. Aber Stella und die anderen lebten nicht mehr. Heymann war damals zum ersten Mal wieder in Deutschland. Er wußte, daß Stella und die anderen tot waren. Aber er wußte nicht, wie sie gestorben waren. Er war zurückgekommen, um Gewißheit zu erhalten. – Er hat sie bekommen. Eine bittere Gewißheit.

Ich erfuhr damals längst nicht alles; sie waren beide nicht für viele Worte. Kapitän Schröder war ein Mann, der alles mit sich selber abmachte, und Heymann fürchtete sich vor nichts so sehr als vor Mitleid. Aber was ich erfahren hatte, war genug, um auf der Spur zu bleiben. Ich habe zwei Jahre gebraucht, um sie zu verfolgen. Ich war manchmal daran aufzugeben, denn sie führte allzuoft in die düstersten Sackgassen menschlicher Hartherzigkeit.

Es war eine unheimliche Suche. Achtzehn Jahre waren vergangen. Und dennoch: Ich wußte von Tausend, die auf der ›St. Louis‹ gefahren waren, aber nur wenige haben diese Fahrt und den Krieg überlebt. Sie leben verstreut in der ganzen Welt; in Santiago de Chile, in Tel Aviv, in Toronto und in kleinen Städten der USA. Und einige auch mitten unter uns. Viele waren es nicht.

So habe ich ihre Geschichte erfahren, nach und nach, in kleinen Episoden, in Bruchstücken. Ich hatte nichts zu tun, als zu versuchen, die Bruchstücke ihrer Schicksale zusammenzufügen.

Hans Herlin

Schiff mit der Menschenfracht, die es den Küsten
Wie ein Hausierer seine Ware bietet.
Wo ist das Land, das Menschen kauft, tauscht, mietet?
Wo öffnet sich ein Hafen, zu empfangen
Die ausgestoßenen Tausend?

Wo wird der neue Bürger eingetragen?
Wer wagt es, seine Ankunft zu verkünden?
Wir aber leben auch in diesen Tagen
Das Dasein unserer Unterlassungssünden.

Berthold Viertel
15. Juni 1939, ›Aufbau‹, New York*

---

* Siehe Seite 193

1

»St. Louis Extrafahrt angesetzt …«

Der Mai 1939 war in Hamburg ein Monat mit kalten Winden und grauem Himmel, aber am 13. Mai – am Tag der Ausreise – war es sonnig und fast frühsommerlich warm. Die ›St. Louis‹ lag im Freihafen in Kuhwerder am Schuppen 76, dem Kaiser-Wilhelm-Höft. Es war ein Schiff mit schneeweißen Aufbauten und schwarz-weiß-rot leuchtenden Schornsteinen, auf dem reiche Amerikaner ihre Vergnügungsfahrten machten. Es war ein Schiff, das auf KdF-Reisen nach Norwegen und Madeira fuhr. Es war ein Schiff jener Reederei, deren Slogan hieß: »Es reist sich gut mit der Hamburg-Amerika-Linie.«

Das Schiff ragte hoch aus dem brackigen Wasser. Arbeiter schleppten Kisten mit Proviant die Gangway hinauf. Ein Kran schwenkte aus und hievte eine große Transitkiste über die Hakenkreuzfahne am Heck hinweg zur Ladeluke.

Die Kisten waren im Hafen jedem bekannt. Sie waren massiv gebaut und groß wie Zimmer. Die Beschriftungen waren weithin zu lesen; die Namen der Städte, woher sie kamen und wohin sie gingen: LEIPZIG – NEW YORK, WIEN – MONTEVIDEO, BERLIN – HAVANNA.

Im Hafen hießen sie nur die ›Judenkisten‹.

Vom Zoll versiegelt, standen sie an allen Kais, hunderte; manche schon verwaschen und das Holz aufgequollen vom Regen. Es gab viele Kisten und wenige Schiffe.

Steward Leo Jockel ging am 12. Mai an Bord. Damals war er vierundzwanzig Jahre alt, klein, hager, mit dunklem Haar und einem verschmitzten Gesicht. Er fuhr seit fünf Jahren im Obersee-Dienst. Er sprach vier Sprachen, für jede gab es eine Sonderzulage. Er war Berliner. Er sagte: »Berliner aus New York«, denn er hatte eine kleine Wohnung in Manhattan, ganz in der Nähe des Hafens. Er war einer, dem man gern ein Trinkgeld gibt. Leo Jockel nahm es wie ein König.

Leo Jockel berichtet heute:

»Alles war wie sonst. Wir bezogen unsere Kabinen im Achterdeck. Wir meldeten uns beim Obersteward und bekamen unsere Arbeit zugeteilt. Ich bekam fünf Tische der ersten Klasse und vier Kabinen am B-Deck. Die Kabinen B 104, 106, 108 und 110. In der Borddruckerei wurden die Speisekarten für den ersten Tag gedruckt. Die Bordkapelle probte im großen Speisesaal. Ich putzte mein Silber.

Am Abend vor der Abreise wurden wir zusammengerufen. Wir erfuhren nur, daß die Passagiere von dem Augenblick an, in dem sie die ›St. Louis‹ betraten, als Ausländer zu behandeln seien. Ausländer – das war eine Sprachregelung der Reederei; sie brauchten an den Feiern zum Führergeburtstag oder an den Nationalfeiertagen nicht teilzunehmen. Das war am Abend. Am nächsten Morgen war es natürlich auf dem ganzen Schiff bekannt, daß diese Ausländer Juden waren. Die ›St. Louis‹ nahm auf ihren Vergnügungsreisen sonst höchstens fünfhundert Passagiere auf. Diesmal waren es neunhundert; alles Juden mit deutschen Pässen.

Die ersten kamen gegen Mittag des Dreizehnten an Bord, einem Sonnabend. Besucher waren nicht erlaubt. Um 18 Uhr sollte die Gangway eingezogen werden. Die dienstfreie Besatzung stand hinten am Achterdeck und beobachtete die Einschiffung ...«

Auf den Fotografien, die damals bei der Einschiffung gemacht wurden, sieht man, daß die meisten der Passagiere ihre Mäntel über dem Arm tragen. Helles Licht liegt auf dem rot-weißen Markisenstoff über der Gangway.

Es gibt heute in Deutschland noch jemanden, der sich sehr genau an diesen 13. Mai erinnert: Johannes Lüttgens, gebürtiger Hamburger, damals achtundzwanzig Jahre alt. Er hatte nichts anderes im Kopf als Musik. Ihn interessierten nur die Kapellen im Café Heinze und Geschäfte, in denen man noch amerikanische Schallplatten bekam. Sein Vater hielt ihn für einen verlorenen Sohn, weil er die Haare zu lang trug und amerikanische ›Negermusik‹ spielte. Jan Lüttgens war Klarinettist in der zehn Mann starken Bordkapelle der ›St. Louis‹. Es war seine erste Seereise; er war für einen erkrankten Musiker eingesprungen.

Er erzählt:

»Eine lange Schlange von Männern, Frauen und Kindern schob sich an den drei Tischen der Paß-, Devisen- und Zollkontrolle vorbei. Die Beamten hatten ihre Tische im Freien auf der Pier aufgebaut. Niemand drängte. Alles ging fast lautlos zu. Es wurde kaum gesprochen. Nur die Schritte auf den Holzplanken waren zu hören und das schwappende Geräusch des Wassers zwischen der Kaimauer und der aufragenden Metallhaut des Schiffes; hin und wieder ein schriller Schrei der Möwen, die noch abwartend auf den dunklen, vom Wasser vollgesogenen Poldern saßen.

Das An-Bord-Gehen dauerte den ganzen Nachmittag. Die Passagiere öffneten ihr Handgepäck und zeigten den Inhalt vor. Sie reichten den Beamten ihre Pässe über den Tisch und verfolgten ängstlich, was damit geschah. Sie passierten die Kontrollen mit gesenkten Köpfen, und selbst vor der Gangway zögerten sie noch und starrten scheu auf das große Schiff, als erwarteten sie bis zum letzten Augenblick, daß etwas geschehen würde ...«

15

Jan Lüttgens berichtet, er habe das Schiff noch einmal verlassen, um Noten zu holen. Als er zurückkam, war die Schlange vor den Tischen kürzer geworden. Dann sah er Stella zum ersten Mal, noch ohne zu wissen, wer sie war: »Ich sah das Mädchen vor dem Tisch der Zollkontrolle stehen, in einem dunklen, hochgeschlossenen Samtkleid. Sie war vielleicht achtzehn, hatte tiefschwarzes, zerzaustes Haar, das aussah, als hätte sie es selber geschnitten. Sie hatte große dunkle Augen, die mutigsten Augen, die ich je gesehen hatte. Ihre Mutter, eine Frau mit in der Mitte gescheiteltem Haar und einem dichten Knoten, und zwei kleine Geschwister standen hinter ihr.

Sie hatten nicht viel Gepäck. Der Beamte war mit dem Durchsuchen der Koffer schnell fertig. Sie waren schon auf dem Weg zur Gangway, als plötzlich zwei Männer neben dem Mädchen standen und es wortlos abführten. Das Unheimliche war die Unauffälligkeit, mit der das geschah. Die beiden trugen keine Uniform.

Ich sah, wie sie mit dem Mädchen in einem Lagerschuppen verschwanden. Und ich sah die Mutter, wie sie dastand, die Pässe in der Hand und neben ihr die beiden Kinder, die nicht begriffen, was hier geschah.

Die Frau stand dort, entsetzt und wortlos. Viele Jahre später habe ich so ein Gesicht noch einmal gesehen; das Gesicht meiner Mutter, als wir sie nach dem großen Angriff auf Hamburg aus den Trümmern des Hauses bargen – damals am Kai sah ich ein solches Gesicht zum ersten Mal. Es war alles darin, ihr ganzes Schicksal, wie zum Lesen. Aber es war, als sei es in einer Sprache geschrieben, die ich damals noch nicht verstand ...

Sie brachten Stella so unauffällig zurück, wie sie sie geholt hatten. Das Mädchen war noch bleicher und ihre Augen noch größer. Sie sah mich einen Augenblick an. Und

ich hörte, wie die Mutter fragte: ›Großer Gott, was war denn ...?‹
›Leibesvisitation‹, sagte sie. ›Laß nur, es hat alles sein Gutes. So werden wir wenigstens nie Heimweh haben.‹ Und dann ging sie an Bord, ihre Geschwister an der Hand, eines rechts, eines links. Sie hatten alle drei Platz auf der schmalen Gangway.«

Um 18 Uhr waren alle Passagiere an Bord der ›St. Louis‹. Von den Dokumenten über die Fahrt ist der Bericht des Oberzahlmeisters des Schiffes, Ferdinand Müller, erhalten geblieben. Er vermerkt unter dem 13. Mai:

Ab 15.30 Uhr wurde in der Halle der I. Kajüte und im vorderen und hinteren Speisesaal der Touristenklasse Kaffee und Kuchen und zwischen 18 und 19 Uhr in beiden Klassen ein kleines Abendessen serviert.
Die Gesamtzahl der in Hamburg an Bord Gekommenen beträgt 388 in der I. Kajüte und 511 in der Touristenklasse. In Cherbourg werden weitere 38 erwartet. Besatzungsstärke einschließlich Kapitän 373. Ladung: 68 Tonnen.

Kurz vor acht Uhr machten die Schlepper fest. Es war kühler geworden. Wind war aufgekommen. Die Zehn-Mann-Bordkapelle stand fröstelnd auf dem Achterdeck und machte ihre Instrumente bereit. Nur ganz wenige Passagiere lehnten an der Reling. Die meisten hielten sich in ihren Kabinen auf.

Die Schlepper zogen an, und in ihr klagendes Tuten hinein begann die Kapelle ihr Abschiedslied.

Muß i denn, muß i denn ...

Die Musiker spielten vor einem leeren Kai auf dem ausgestorbenen Deck. Sie spielten wie immer. Vielleicht ein wenig schneller als sonst. Dann packten sie ihre Instrumente zusammen. Langsam zog das Schiff hinaus, gefolgt von den Möwen. Ihr zeternder, schriller Schrei hing in der Luft, wenn sie hinunter aufs Wasser stiegen. Die letzten Umrisse des Hafens, die Konturen der Stadt verschwanden. Vorab tauchten die Lichter des Süllberg auf.

Im obersten Stock des ehemaligen Parkhotels an der Elbchaussee 277 beobachtete der diensttuende Beamte vom Schiffsmeldedienst das näher kommende Schiff. Er ging zum Fenster. Linker Hand lag die Lotsenstation; rechts leuchteten die Lichter der Deutschen Werft in Finkenwerder.

Er starrte in die Dunkelheit, dem immer größer werdenden Schatten entgegen. Er brauchte kein Glas; er erkannte die ›St. Louis‹ an den Aufbauten, und er machte in seinem Meldebuch folgende Eintragung: 13. Mai 1939. Finkenwerder-Zeit 20.30 Uhr. Groß-Hamburg ausgehend.

Nation: Deutsch.
Art: Motorschiff.
Name: ›St. Louis‹.
Reederei: Hapag.
Tonnage: 16 732 BRT.
Zielhafen: Havanna.

Der Beamte ging noch einmal zum Fenster. Das erleuchtete Schiff zog vorüber. Jetzt nahm er sein Glas. Keine winkenden Menschen an der Reling. Niemand zu sehen. Nur die Schatten der Männer auf der Brücke.

Der Mann auf der Brücke, dem die neunhundert Passagiere anvertraut waren, der Kapitän der ›St. Louis‹, Gustav Schrö-

18

der, fuhr seit zwanzig Jahren bei der Reederei. Er galt als
einer der zuverlässigsten Kapitäne.

Zur Zeit dieser Fahrt – der 98. der ›St. Louis‹ – war er vier-
undfünfzig Jahre alt. Bilder aus jenen Tagen zeigen den
schmächtigen Körper, die Kapitänsmütze, die ihm trotz des
eingelegten Papierstreifens immer noch bis auf die Ohren
rutscht, sie zeigen viel Bitterkeit um den Mund und viel Güte
in den Augen.

Der Kapitän war als letzter an Bord gekommen, kurz vor
der Ausfahrt und schon bei beginnender Dämmerung. Er
trug, wie immer, wenn er an Land ging, Zivil; einen alten ver-
waschenen Trenchcoat. Er kam mit einer Aktentasche vom
Bürohaus der Hapag aus der Ferdinandstraße. Dort hatte er
seine letzten Instruktionen für die Fahrt erhalten. Schröder
war an diesem Abend sehr niedergeschlagen. Er sprach mit
niemandem. Er zog sich in seiner Kabine um und erschien in
Kapitänsuniform auf der Brücke.

Wie es zu dieser Fahrt der ›St. Louis‹ kam, weiß der damalige Direktor der Hapag, Claus Gottlieb Holthusen, ganz
genau: »Damals buchten immer mehr Juden, die noch ausreisen konnten, unsere Schiffe; nach Ostasien, hauptsächlich
Shanghai, nach New York und nach Südamerika. Die Nachfrage war so stark, daß wir die meisten abweisen mußten. So
viele Plätze hatten wir gar nicht. Sie standen Schlange vor
unseren Reisebüros. Das Ganze war schon eine Transport-
frage geworden. Besonders nach Südamerika war es schwierig, sie unterzubringen. Wir fuhren dorthin mit vier Schiffen,
der ›Caribia‹, der ›Cordillera‹, der ›Iberia‹ und der ›Orinoko‹. So waren wir froh, als wir ein Schiff frei hatten, das zwischen zwei Reisen eine Sonderfahrt machen konnte, die ›St.
Louis‹. Ende Juni sollte sie von New York aus eine Vergnügungsreise machen, mit Amerikanern. Es blieb also noch
genug Zeit, um eine Sonderfahrt nach Kuba einzuschieben.

Wir standen damals mit allen Stellen, die mit der jüdischen Auswanderung zu tun hatten, in dauerndem Kontakt. So haben wir dem Leiter der europäischen jüdischen Vereinigung in Paris, Morris Troper, mitgeteilt, daß wir dieses Schiff frei hatten. Die Antwort war: ›Ja, sehr schön, aber wir haben eine große Sorge, hoffentlich werden die Länder nicht nervös, wenn mit einem Mal ein so großer Schub ankommt.‹«

Sie gaben die Warnung an die Reederei weiter; mit halbem Herzen, denn sie wußten am besten, wie bedrohlich die Lage der Juden in Deutschland war.

»Wir konnten nur sagen«, berichtet der Direktor der Hapag weiter: »Hier ist die Möglichkeit, fast tausend Menschen herauszubringen. Unsere Bedingungen sind: die Passagiere zahlen die Hinreise – 800 Mark in der ersten Klasse und 600 Mark in der Touristenklasse – ohne alle Extras; aber sie müssen für alle Fälle, falls wir sie nicht landen können, 230 Mark für die Rückreise deponieren. Damit war das Komitee einverstanden. Und so wurde der Start der Abreise festgesetzt.

In einem Kabel vom 15. April 1939 telegrafierten wir an unsere Agentur in Havanna:

ST. LOUIS EXTRAFAHRT ANGESETZT
DREIZEHNTEN MAI AB HAMBURG NACH HAVANNA,
RÜCKREISE CIRCA ERSTEN JUNI.

Es gab da noch Schwierigkeiten mit den Landepermits für Kuba. Der größte Teil der Passagiere der ›St. Louis‹ war im Besitz dieser Permits, die von der kubanischen Immigrationsbehörde ausgestellt waren. Diese waren am 4. Mai in Havanna plötzlich für ungültig erklärt worden. Aber drei Tage vor der Abfahrt erreichte uns die schriftliche Zusicherung, daß die Passagiere der ›St. Louis‹ in Havanna an Land dürften.

Nun wußten wir allerdings, daß noch zwei andere Schiffe
unterwegs nach Kuba waren, ein englisches Schiff, die ›Orduna‹, und ein französisches Schiff, die ›Flandre‹. Auch sie
hatten jüdische Emigranten an Bord. So bekam der Kapitän
der ›St. Louis‹ von uns den Auftrag, alles zu tun, um vor diesen Schiffen Kuba zu erreichen.«
Das war die Situation bei der Abfahrt. Und das war es, was
Kapitän Schröder bedrückte, als er auf der Brücke seines
Schiffes stand.

An Bord der ›St. Louis‹ war es in dieser ersten Nacht sehr
ruhig. Die Bars und Tanzsäle blieben leer. Es war, als wagten
die Passagiere noch immer nicht daran zu glauben, daß ihr
Ausgangsverbot aufgehoben war; an Land, in Deutschland,
hatten sie ihre Wohnungen von abends 20 Uhr bis morgens
um 6 Uhr nicht verlassen dürfen. Um 1 Uhr passierte die
›St. Louis‹ das Feuerschiff Elbe I. Draußen war es wolkig bis
bedeckt, bei leichten Regenschauern. Der Seewetterdienst
meldete Windstärke 5 bis 6. Es war jetzt Sonntag, der 14. Mai
1939.
In den sechs Wohndecks der ›St. Louis‹ – vom hellen
Bootsdeck bis hinunter zum D-Deck, wo das Vibrieren der
Maschinen nie verstummte – waren 409 Männer, 350 Frauen
und 148 Kinder untergebracht, 258 Familien.
Sie hießen Hoppe, Bergrün, Michaelis, Lustig und
Schoeps. Wassermann, Danziger, Friedman und Tischauer.
Sie kamen aus Gleiwitz, Berlin, München, Hindenburg und
Stuttgart, aus Rheydt, Breslau, Salzwedel und Bielefeld. 872
waren Deutsche, 23 Polen. 9 kamen aus der Tschechoslowa-
kei, 5 aus Ungarn. 21 waren ohne Staatsangehörigkeit.
Unter den Neunhundert waren gläubige Juden, die nur
Koscheres aßen, und andere, die erst durch das rote ›J‹ in
ihrem Paß daran erinnert wurden, daß sie Juden waren.

21

Es waren angesehene Anwälte, kleine Handwerker, Kaufleute und Ärzte. Auf die einen warteten reiche Verwandte, andere hatten sich mit der Schiffskarte nur eine Freiheit erkauft, die ins Nichts führte. Und doch glichen sich die Neunhundert der St. Louis in einem: Sie waren alle gleichsam Auserwählte. Sie hatten eine Welt verlassen, die zur selben Stunde die Grenzen befestigte, die Heere einberief und zum Krieg rüstete. Für Hunderttausende, die zurückblieben, würden nicht mehr viele Schiffe fahren.

Der Rapport des Oberzahlmeisters der ›St. Louis‹ berichtet über diese ersten Tage nach der Abfahrt:

14. Mai: Verschiedene Passagiere äußern den Wunsch, rituelle Verpflegung zu erhalten. Unter Hinweis darauf, daß kein koscherer Proviant an Bord sei, wurde darauf aufmerksam gemacht, daß die Speisefolge so zusammengestellt sei, daß zu jeder Mahlzeit Eier, Fischspeisen und dgl. bestellt werden können.

15. Mai: Schon gleich nach der Abfahrt in Hamburg setzte wegen der starken Belegung der Kabinen eine große Nachfrage nach Umbettungen ein, besonders von Ehepaaren, die getrennt untergebracht waren. Da jedoch nur wenige Plätze freigeblieben waren, konnte den Wünschen der Reisenden nur in beschränktem Maße entsprochen werden. Erreichen Cherbourg um 9.30 Uhr. Die Einschiffung der ab hier gebuchten 38 Passagiere erfolgte nach Ankunft des Pariser Zuges um 14.30 Uhr. Unter den Passagieren befinden sich 6 Kubaner und Spanier, alle übrigen sind nichtarische Auswanderer.

16. Mai: Um allen Reisenden Gelegenheit zu geben, den Kinovorführungen beizuwohnen, werden die Filme für die frühe und späte Tischordnung getrennt vorgeführt. In der I. Kajüte sind die Spielzeiten auf 19.30 Uhr und 21.30 Uhr festgesetzt worden. In der Touristenklasse werden die Filme um 9.30 und 20.30 Uhr vorgeführt. Die beiden Kapellen werden abends jeweils dort beschäftigt, wo keine Kinovorführung stattfindet.

19. Mai: Heute wurde das auf Luke V aufgebaute Schwimmbad in Betrieb genommen. Dasselbe ist von 6 bis 18 Uhr geöffnet, und zwar vormittags für die Reisenden der I. Klasse und nachmittags für die der Touristenklasse.

20. Mai: Zur Abhaltung von Gottesdiensten am jüdischen Sabbat und an den auf Mitte der nächsten Woche fallenden Feiertagen wurde die Halle der I. Kajüte zur Verfügung gestellt. Die orthodoxen Juden halten ihre Gebetsübungen im hinteren Damenzimmer der Touristenklasse ab.

21. Mai: Die Überfahrt war von herrlichem Wetter begünstigt. Die Passagiere haben sich schnell an Bord eingewöhnt. Während des Tages herrschte reger Betrieb auf den Promenadendecks und auf dem Sportdeck. Abends wurden in der Halle der I. Kajüte und in beiden Speisesälen der Touristenklasse abwechselnd Kino, Konzerte, Tanz-, Bockbier-, Winzer- und Kostümfeste veranstaltet. Die Abendunterhaltungen waren immer sehr stark besucht. Von allen Seiten wurde immer wieder zum Ausdruck gebracht, daß die Verpflegung und Bedienung ausgezeichnet sei und alle Erwartungen übertreffe.

Man muß wissen, was diese Menschen hinter sich hatten, um zu verstehen, was das für sie bedeutete. Jahrelang hatten sie wie Ausgestoßene gelebt. Hier gab es ein Kino für Menschen, die seit Jahren nur die Schilder über den Kassen kannten: ›Juden unerwünscht!‹ – die neuesten Filme: ›Bel Ami‹ mit Willy Forst, ›Wasser für Canitoga‹, in der Hauptrolle Hans Albers, Zarah Leander in ›Zu neuen Ufern‹, ›Das unsterbliche Herz‹ mit Heinrich George. Ein Schwimmbad für

Menschen, die keine Badeanstalt, keine Schwimmhalle oder Sauna betreten durften. Liegestühle an Deck und ein höflicher Steward, der morgens um zehn Uhr heiße Brühe reichte – für Menschen, die in den Parks und Anlagen Bänke sahen mit der Aufschrift ›Nur für Arier!‹ Ein Gebetsraum für die, deren Gotteshäuser man angezündet und geplündert hatte. »Wir sahen nur freundliche Blicke«, erzählt Wolfgang Philippi, der damals als Siebzehnjähriger an Bord kam und der heute in Chile lebt. »Ein guter Geist schien alle über unser Schicksal aufgeklärt zu haben. Es war ein ganz neues Gefühl, zu wunderbar, um daran zu glauben ...«

Am 20. Mai passierte die ›St. Louis‹ die Azoren. Die normale Schiffsroute lag südlich der Inselgruppe. Der Funker der ›St. Louis‹ hatte eine Positionsmeldung der ›Orduna‹ aufgefangen. Die ›Orduna‹ war eines der Schiffe, die auch nach Kuba unterwegs waren. Der 15507 BRT große britische Dampfer kam aus Liverpool und hatte, neben anderen Reisenden, 154 Juden aus Deutschland, Polen und der Tschechoslowakei an Bord. Bei der Ausfahrt hatte die ›St. Louis‹ noch einen Vorsprung von 38 Stunden vor der ›Orduna‹ gehabt. Nach der letzten Positionsmeldung waren es nur noch 12 Stunden. Das dritte Schiff, das sich an dem Wettrennen nach Kuba beteiligte, war die französische ›Flandre‹, 8575 BRT groß. Sie kam aus St. Nazaire mit 104 zum größten Teil aus Österreich geflüchteten Juden. Der Vorsprung vor der ›Flandre‹ betrug 24 Stunden. Nachdem die Meldung von der ›Orduna‹ eingegangen war, hatte sich Kapitän Schröder entschlossen, nördlich der Azoren zu fahren; er sparte so etwa 75 Seemeilen, oder fünf Stunden. »Wir wußten bis jetzt sehr wenig von unseren Passagieren«, geht aus Berichten Kapitän Schröders

24

hervor. »Ein Schiff auf hoher See, schönes Wetter, gute Bedienung – das ist eine Welt, in der die meisten Menschen auftauen und gesprächig werden. – Diese Passagiere wurden nicht gesprächig. Ich habe an drei Tagen die Brücke zur Besichtigung freigegeben, es kamen nur wenige. In Hamburg, vor der Ausreise, habe ich die Offiziere der ›St. Louis‹ zusammengerufen. Ich habe ihnen klipp und klar gesagt: ›Wer diese Fahrt nicht mitmachen will, wer glaubt, daß er mit sich in Konflikt kommt, der kann von Bord gehen, sofort.‹ Keiner hat sich gemeldet. Alle machten diese Fahrt mit, und wir bemühten uns alle um unsere Passagiere.«

Leo Jockel, der Steward, tat seinen Dienst wie bei jeder Fahrt. Er kannte jetzt die Namen seiner Passagiere in den vier Kabinen im B-Deck, die er betreute – nicht viel mehr. In B 108 wohnte ein älterer Mann mit seiner Frau, das Ehepaar Weiler; er war ein Professor aus Köln. B 106 war belegt mit zwei Personen: zwei Kubanern, die in Cherbourg an Bord gekommen waren. B 110, die Außenkabine, bewohnten die Heymanns. Sie waren Berliner. Die Mutter hieß Liesel Heymann. Irma und Steffi, die beiden kleinen Kinder, waren sechs und sieben Jahre alt. Und Stella.

Auch B 104 war erst in Cherbourg belegt worden. Dort war Arthur Heymann an Bord gekommen. Ein junger Mann von sechsundzwanzig Jahren, Stellas Bruder.

»Ich hatte herausbekommen«, erzählt Leo Jockel, »daß der Vater der Familie, Moritz Heymann, nach Kuba vorausgefahren war, aber das war auch alles. Ein Steward weiß meist nach ein paar Tagen alles von seinen Passagieren, aber hier stand man wie vor einer Mauer. Ich bin jeden Abend bis elf Uhr aufgeblieben, aber nie hat man nach mir geklingelt. Und ihre Kabinen! Eine Kabine ist sonst nach ein paar Tagen wie ein Zuhause, da stehen Bilder, da liegen Bücher herum, da gibt es Blumen. Die Kabinen meiner Passagiere waren so nüchtern und schmucklos wie am ersten Tag. Die Betten sahen aus, als hätte niemand darin geschlafen, und die Teppiche lagen genauso rechtwinklig, wie ich sie ausgelegt hatte. Nur bei Arthur Heymann, Stellas Bruder, bei dem kannte man sich aus. Er machte keinen Hehl daraus, daß er uns haßte. Dieser Arthur hatte Deutschland schon 1935 verlassen. Er war nach Holland gegangen, nach Amsterdam. Er hatte dort in einem Schiffskontor gearbeitet. Als er in Cherbourg an Bord kam, verlangte er, ich solle ihn Arthur Israel Heymann nennen. Sie mußten diese Vornamen tragen, die Männer Israel, die Frauen Sara, aber er war der einzige, der stolz darauf war ...«

Nach zehn Tagen näherte sich die ›St. Louis‹ den Bermudas. Die See war ruhig, und der Atlantik war das Abbild des wolkenlosen sonnigen Himmels, eine weite, glänzende Fläche. Der Bordfotograf mußte Überstunden, machen, um nachts die Bilder zu entwickeln, die er am Tage aufnahm. Die Passagiere schienen sich eingelebt zu haben.

Jan Lüttgens, der Klarinettist der Bordkapelle, hatte Stella in diesen ersten zehn Tagen der Reise kaum gesehen. Ihren Namen hatte er von Leo Jockel erfahren, aber er sah sie weder beim Tanzen noch bei den anderen Mädchen, die in der Turnhalle Tischtennis spielten. Schließlich entdeckte er sie bei den Kindern im Spielzimmer. Stella hatte die Aufsicht über die Kinder übernommen.

»Erst durch ihren Bruder Arthur Heymann habe ich mehr von ihr erfahren«, erzählt Jan. »Es war am Abend des 23. Mai. Wir hatten bis elf Uhr in der Halle der I. Klasse zum Tanz gespielt. Mit der ganzen Zehn-Mann-Kapelle, und nachher mit drei Mann in der Bar. Arthur Heymann regte sich über ein Stück auf, das wir spielten. Als ich an Bord kam und erfuhr, was für Passagiere wir hatten, glaubte ich, wir könnten richtigen Jazz spielen. Aber das wollte niemand hören. Und so spielten wir ›Mamatschi‹, und ›Regentropfen, die an dein Fenster klopfen‹, und ›Glühwürmchen, Glühwürmchen, flimmre ...‹ Selbst abends in der Bar. An diesem Abend, ich glaube, wir spielten ›Warum ist es am Rhein so schön?‹ und einer von uns sang den Text ..., da sprang dieser Arthur Heymann plötzlich auf und schrie, wir sollten aufhören, er hätte genug vom schönen deutschen Rhein ...

Wir waren ohnehin am Ende. Wir packten unsere Sachen zusammen, und ich ging durch die Bar an den Tisch, an dem der wütende Arthur Heymann saß ...«

In der großen Halle waren die Lichter schon gelöscht. Ein Steward rückte die Klubsessel zurück, der Barkellner machte Kasse. Arthur Heymann war der einzige Gast in der Bar, alle anderen hatten es nach dem Zwischenfall vorgezogen, möglichst schnell in ihren Kabinen zu verschwinden.

Es war heiß in der Halle. Jan Lüttgens hatte sein blaues Jackett über die Schulter geworfen und sein Instrument unter den Arm geklemmt. Er wollte noch etwas trinken und ging zur Bar, aber als er am Tisch Heymanns vorbeikam, blieb er stehen. Er hatte – so sagte er – die ganzen Tage nach einer Gelegenheit gesucht, mit dem jungen Mann, der bestimmt nicht älter war als er, ein Gespräch anzuknüpfen.

»Darf ich?« fragte Jan und zeigte auf einen der freien Stühle am Tisch.

Arthur Heymann nahm sein Glas. Er hielt es umklammert, ohne zu trinken, und sah den Musiker spöttisch an. »Und wenn ich nein sage?«

Jan legte das Instrument auf den Stuhl und setzte sich. Arthur schaute auf das Instrument, und etwas an seinem Blick ließ Jan fragen: »Sie spielen auch ein Instrument?«

›Ach kenne viele, die gern ein Instrument spielen würden«,

sagte Arthur. »Zum Beispiel meine Schwester, sie wollte Musik studieren ...«

»Und?«

Arthur Heymann sagte etwas in Holländisch. Jan verstand es nicht genau, aber dem Klang nach hätte es heißen können: – man sollte euch allen die Köpfe abhacken. Sein Gesicht war bleich, selbst im Schein der Lampen mit dem seidenen rosa Stoffüberzug. Er sah sehr jüdisch aus, mit einem harten, abgemagerten Gesicht und starken Backenknochen. Er trug eine Brille. Eine einfache, runde Hornbrille, und er hatte dunkle, offene Augen, in denen eisige Kälte stand. Es war ein häßliches Gesicht und zugleich ein sehr mutiges.

»Sie sind nicht gut auf uns zu sprechen«, begann Jan.

»Ich hasse euch, ich hasse alles, was deutsch ist!« Man sah es ihm an, daß jedes Wort stimmte.

»Hier an Bord gibt es aber viele, denen scheint der Abschied von Deutschland ziemlich schwerzufallen«, sagte Jan. »Sie bekommen Tränen in die Augen, wenn wir deutsche Lieder spielen ...«

Heymann lachte, ein bitteres, böses Lachen. »Wissen Sie, wie mein Vater mich getauft hat?« fragte er plötzlich.

»Arthur«, sagte Jan. »Sie heißen doch Arthur, oder nicht?«

»Mein Vater hat mich Wilhelm getauft, nach seinem Kaiser Wilhelm. Das war 1914, als ich geboren wurde und als mein Vater bereit war, für seinen Kaiser zu sterben. Er war wie blind. Blind vor Liebe für dieses Land. Er sah nicht, was nach 1933 geschah, oder er wollte es nicht wahrhaben. Und als mein Vater dann endlich dieses ›Gelobte Land‹ verlassen wollte, war es fast schon zu spät.«

»Was heißt zu spät?« fragte Jan. »Es kann doch jeder gehen, wann er will und wohin er will.«

Arthur Heymann fuhr fort. Seine Stimme überschlug sich vor Empörung. »Jeder kann gehen, sagen Sie? Wann er will?

28

Wohin er will? Wissen Sie, wie das ist wenn einer von den Unsren gehen will? O ja, man läßt ihn gehen, da haben Sie recht. Kein Mensch hindert ihn daran. Er bekommt sogar seinen Paß mit dem roten ›J‹, und dann nichts wie ab. Aber vorher! Jedes Stück, das einer von uns mitnehmen will, muß auf einer Liste angeführt werden, jedes Kleid, jeder Mantel, jeder Strumpf. Und für alles, was in den letzten drei Jahren gekauft wurde, muß der volle Betrag noch einmal bezahlt werden. Wußten Sie das?«

Jan schwieg. Er kam gar nicht dazu, etwas zu sagen, denn sein Gegenüber redete sich die Empörung von der Seele.

»Es gibt einige, die haben auch noch Möbel, die sie mitnehmen wollen. Der Wert dieser Möbel wird geschätzt. Dann werden diese Möbel in eine Kiste verpackt, vom Zoll versiegelt und nach Hamburg transportiert. Und nun raten Sie mal, was das kostet?«

Jan zuckte hilflos die Schultern.

»Es kostet genau 2017 Reichsmark«, sagte Arthur Heymann. »Der Transport von Berlin nach Hamburg kostet genausoviel, wie die Möbel wert sind. Und was glauben Sie, was dann mit dieser Kiste geschieht?«

»Man wird sie in Hamburg aufs Schiff verladen. Was sonst?«

»Eben nicht! Unsere Kiste wurde nicht aufs Schiff verladen. Sie steht in Hamburg am Kai. Ein bedauerliches Versehen, wie mir der Gepäckvorsteher versichert hat. Allerdings sind wir nicht die einzigen, deren Kiste versehentlich zurückgeblieben ist. Und was sollen wir drüben anfangen? Alles was mir mitnehmen dürfen, sind ohnehin nur ganze zehn Mark in bar. Zehn Mark pro Kopf und Nase.« Er sah auf.

»Mein Vater wollte das alles nicht sehen, aber am Morgen des 10. November, nach der Kristallnacht, haben sie ihn abgeholt. Und Stella? Können Sie sich vorstellen, was sie in jener Nacht mit Stella gemacht haben? Wollen Sie's wissen?« Jan wagte nicht, »ja« zu sagen. Er nickte nur.

»Im Sommer 1938 war sie noch in Berlin auf dem Gymnasium«, fuhr Arthur Heymann fort. »Sie wollte Musik studieren. Aber dann kam das Verbot: Juden durften nicht mehr studieren. Da haben meine Eltern Stella in eine jüdische Haushaltsschule nach Wolfratshausen geschickt, in die Nähe von München.« Er sprach langsam, zögernd, als übersetze er seine Worte in eine andere Sprache. »Am Abend des 9. November drang ein Trupp SA-Männer in die Schule ein und jagte die Mädchen auf den Schulhof, nackt ... Nachher saß Stella auf dem Bahnhof, bis ein Zug nach Berlin ging. Sie wollte nach Hause. Das Abteil war voller Menschen in braunen Uniformen. Sie haben furchtbar auf die Juden geschimpft. Sie saß dort die ganze Nacht zwischen ihnen ...

Gegen Mittag kam sie in Berlin an. Meine Mutter war mit den beiden kleinen Mädchen zu Bekannten geflüchtet, nachdem sie am Morgen meinen Vater abgeholt hatten. Stella konnte nicht in die zugesperrte Wohnung, sie mußte glauben, daß man die ganze Familie abgeholt hatte ... Da brach sie vor dem Haus zusammen. Nachbarn waren so gnädig, das bewußtlose Mädchen von der Straße in eine Wohnung zu tragen.«

Heymann erhob sich. »Es kam jetzt wirklich nicht mehr darauf an, wohin wir gingen.«

Seit 1938, vor allen Dingen seit jener Nacht, die unter dem Namen ›Kristallnacht‹ in die Geschichte einging, war die jüdische Auswanderung zu einer Massenflucht geworden Es hieß nur noch, rette sich, wer kann.

Aber wohin sollten sie sich retten? Die Welt war damals schnell mit verdammenden Worten bereit, aber weniger mit

Taten. Wer wollte schon Männer und Frauen, die nichts mit sich brachten als ein paar Koffer und ihr Leben. Es war so: Auf der einen Seite wurden die Juden unter Druck gesetzt, auszuwandern. Man nahm ihnen alles und schob sie über die Grenze ab. Auf der anderen Seite hetzte man gegen sie in den Einwanderungsländern. In einem Erlaß des Außenministeriums vom 25. Januar 1939, der an alle deutschen Auslandsmissionen und Konsulate geschickt wurde, heißt es:

»Es besteht deutscherseits ein größeres Interesse daran, die Zersplitterung des Judentums aufrechtzuerhalten.

In Nordamerika, in Südamerika, in Frankreich, in Holland, Skandinavien und Griechenland – überall, wohin sich der jüdische Wanderungsstrom ergießt, ist bereits heute eine deutliche Zunahme des Antisemitismus zu verzeichnen. Diese antisemitische Welle zu fördern, muß eine Aufgabe der deutschen Außenpolitik sein. Je ärmer und damit belastender für das Einwanderungsland der einwandernde Jude ist, desto stärker wird das Gastland reagieren und desto erwünschter ist die Wirkung im deutschen propagandistischen Interesse. Das Ziel dieses deutschen Vorgehens soll eine in der Zukunft liegende internationale Lösung der Judenfrage sein, die nicht von falschem Mitleid ... diktiert ist.«

Seit dem Januar 1939 lag die jüdische Auswanderung ganz in den Händen der Gestapo. Und schon damals wandte sie jene Methode an, die sie später so grausam vervollkommnen sollte: Sie zwang ihre Opfer, sich ihr eigenes Grab zu schaufeln. Die Gestapo war bereit, jeden zu decken, der gewillt war, sie bei diesem Ziel zu unterstützen. Massenauswanderungsprojekte wie der ›Äquatorplan‹ waren ungefähr das, was die Gestapo zu dieser Zeit als passende Lösung des Judenproblems ansah.

Die Reisebüros witterten ihre Chance. Sie heuerten jedes

Schiff an, das sie bekommen konnten. Sie schlugen der Gestapo Massenauswanderungsprojekte vor – wie zum Beispiel den ›Äquatorplan‹: die Ansiedlung von hunderttausend Juden in einem unerforschten Gebiet im tropischen Dschungel. Der Inhaber der ›Hanseatischen Reisebüros‹ in Berlin-Schöneberg, der bereits bei der Charterung eines Schiffes, der ›SS Stuttgart‹, viel Geld verdient hatte, hörte von diesem Plan. Als der ›Hilfsverein der Juden in Deutschland‹ sich dagegen wandte, wurden die Mitglieder des Präsidiums sehr bald aufgefordert, zur Gestapo in die Prinz-Albrecht-Straße zu kommen, um sich für den Widerstand gegen diesen Plan zu verantworten.

Andere Reisebüros, wie das ›Französische Reisebüro‹ Unter den Linden oder der ›Palästina-und-Orient-Lloyd‹, machten damals Millionengewinne. Sie schickten ihre Vertreter durch ganz Europa, bis sie irgendwo einen Konsul ausfindig machten, der bereit war, gegen bares Geld Visen auszustellen. Es kümmerte niemanden, ob die Visen echt waren; die Opfer bezahlten.

Die ausländischen Konsuln waren in jenen Jahren Götter. Sie ließen sich ihre Macht teuer bezahlen. Der Generalkonsul von Uruguay in Hamburg zum Beispiel hatte sich so phantastisch bereichert, daß seine Regierung ihn zurückrief. – »Was soll ich machen«, hat er sich damals gegenüber einem Mitglied des ›Hilfsvereins der Juden‹ in Berlin geäußert, »wenn sie mir in Uruguay sagen: Sie haben bereits genug Geld gemacht. Stop!«

Ende 1938 bot ein kubanischer Diplomat dem ›Hilfsverein‹ tausend Pässe an. Er war nicht daran interessiert einzelne Pässe abzugeben. Er bot tausend Pässe, tausend Dollar das Stück. Sie hatten das Geld nicht. Seine Antwort war: »Sie müssen meine Situation verstehen, eine ganze Bande will dazu bestochen werden.«

So war es damals: Auf der einen Seite das verzweifelte Wettrennen nach einem Land, das Juden noch aufnahm. Auf der anderen Seite die Länder, die sich – unterstützt von der deutschen Propaganda – immer stärker gegen die Einwanderer abkapselten, die man mit zweifelhaften Sichtvermerken und gefälschten Pässen an die Grenzen und in die Hafenstädte abgeschoben hatte.

So kam es zu jenen Schiffen wie der ›St. Louis‹.

2

»Situation in Havanna unübersichtlich ...«

In der Nacht des 23. Mai 1939, zehn Tage nach der Ausfahrt von Hamburg, nähert sich die ›St. Louis‹ den Bermuda-Inseln. Der 23. Mai ist ein Dienstag, das Schiff hält jetzt Kurs auf die Karibische See.

Lautlos gleitet es durch die Nacht. Die Passagiere schlafen. Die Maschinisten arbeiten fieberhaft an dem Schiffsmotor, der einen Defekt hatte. An Deck sind nur noch die Feuerschutzleute; sie gehen ihre Wache. Der zweite Funker döst vor seinen Apparaturen. In fünf Tagen wird die ›St. Louis‹ in Kuba sein.

Aber noch haben sie die Grenze zur Freiheit nicht überschritten. Das Schiff in der Weite des Atlantiks ist immer noch deutscher Boden. Ein einziger Funkspruch kann das Schicksal seiner Passagiere entscheiden. Der 23. Mai ist der Tag, an dem der erste Schatten auf das Schiff fällt.

Es gibt nur einen Mann an Bord, der wirklich ahnt, auf wie tönernen Füßen ihre Welt steht, der Kapitän. In seinem Reisebericht an die Reederei sind nur nüchterne Tatsachen, zumeist nautische Dinge, vermerkt. Aber Schröder hat auch noch eine private Chronik verfaßt. Und was er nicht niedergeschrieben hat, an das erinnerte er sich, wenn er von dieser Fahrt der ›St. Louis‹ sprach. Und Schröder konnte erzählen, daß die Uhren zurückgehen.

Dann sah man ihn in jener Nacht auf der Brücke, dann

hörte man das Rasseln der Rudereinrichtungen und das Läuten der Telegrafen. In der Dunkelheit spiegelten sich die Instrumente und die Gesichter der Männer im Steuerhaus in der vorderen Scheibe. Schröder, in seiner weißen Tropenuniform, blickte auf eines der Instrumente. »Wir sind zu langsam, Kritsch.«

Franz Kritsch stand in dieser Nacht am Ruder, ein Mann von fünfzig Jahren, mit dem Gesicht eines Bauern. Er war seit sieben Jahren an Bord der ›St. Louis‹.

»Wir machen alle Fahrt, die wir können«, antwortete der Mann am Ruder. »Gibt es Schwierigkeiten, Kapitän?«

Schröder kam nicht mehr dazu, die Frage zu beantworten. Auf der Backbordseite waren Schritte zu hören, und dann sah er den Schatten vor dem Fenster der Schiebetür Backbord. Es war der Zweite Funker der ›St. Louis‹. Schröder ging ihm entgegen.

Der Mann strich sich über die wirren Haare, in der anderen Hand hielt er das Radiotelegramm. »Es kommt über Norddeich-Radio«, sagte der Funker.

Schröder blickte auf die Uhr. Es war drei Uhr morgens.

Er nickte und nahm das Telegramm entgegen; er sah sogleich, daß es nicht dechiffriert war. Er hatte für diese Fahrt mit der Reederei einen eigenen Code verabredet. Wortlos verließ er die Brücke und ging ins Kartenzimmer, wo auf einer Seekarte der Standort der ›St. Louis‹ und dahinter die vermutlichen Standorte der Schiffe ›Orduna‹ und ›Flandre‹ vermerkt waren. Die ›St. Louis‹ hatte noch sieben Stunden Vorsprung vor dem englischen Schiff und 24 Stunden vor dem französischen. Kapitän Schröder ging in seinen Salon; den Code, mit dem er den Funkspruch der Reederei entschlüsseln konnte, hielt er im Schreibtisch verschlossen. Nachher trat er an eines der Fenster auf der Steuerbordseite. Fünf Lichterketten spiegelten sich schimmernd im Wasser; es war, als bewege sich ein zweites Schiff lautlos durch die Nacht. Er ließ die Vorhänge wieder vor die Fenster gleiten und ging an den Tisch zurück. Das Telegramm lag noch dort. Bis jetzt hatte er sein Wissen vor den anderen und vor sich selber verborgen. Bis zu dieser Nacht. Jetzt würde er es nicht mehr verheimlichen können. Er überlas noch einmal den Text mit einer leisen Beklemmung. Die Reederei in Hamburg kabelte:

SITUATION IN HAVANNA UNÜBERSICHTLICH. GEGENWÄR-TIG SOGAR ›ST. LOUIS‹ GEFÄHRDET. TUN ÄUSSERSTES, LAN-DUNG ZU ERMÖGLICHEN.

Er steckte das Telegramm ein und schloß den Code weg. Er griff nach dem Telefon – als es klopfte. Es war der Zahlmeister. Er blieb unter der Tür stehen. Schröder ließ ihn nicht zu Wort kommen. »Sie kommen wie gerufen. Sie müssen mir einige Passagiere aussuchen ...«

»Kapitän ...«, versuchte der Zahlmeister zu unterbrechen. »Ich erkläre Ihnen alles später. Am besten suchen Sie drei oder vier Juristen. Sehen Sie die Listen durch und sprechen Sie mit Ihnen. Es müssen Leute sein, die schweigen können.« Er sah auf. Der Zahlmeister stand noch immer in der Tür, die Mütze in der Hand. »Wollen Sie etwas?« fragte Schröder.

Das Gesicht des Zahlmeisters war ernst. »Herr Kapitän ...«, begann er. »Es ist einer von unseren Passagieren ... Er liegt im Sterben.«

Der Passagier in der Kabine B 108 war groß und hager und hatte selbst im Sterben nicht genug Platz; er lag mit angezogenen Knien in dem schmalen und zu kurzen Messingbett. Dr. Glauner stand in seiner weißen Uniform am Bett Professor Meier Weilers, die Hand am Puls des Sterbenden. Der

Schiffsarzt trat zur Seite, um Kapitän Schröder vorzulassen; er tat es mit einer fast unmerklichen, resignierenden Bewegung seines Kopfes.

Eine alte Frau, klein, mit silbernen Haaren und dunklen, verweinten Augen, saß am Kopfende des Bettes. Neben ihr stand das Mädchen aus der Nachbarkabine in einem dunklen Trainingsanzug: Stella. Sie redete beruhigend auf die Frau ein. Schröder trat zu dem Mann, der dort lag, schwer atmend, mit verzerrtem Gesicht. Der Mann versuchte sich aufzurichten. Die Frau beugte sich vor, um ihn zu verstehen. »Recher«, sagte er mit seiner tonlosen Stimme, »sag nichts. Es ist gut, daß es zu Ende geht …« Seine Worte waren kaum zu verstehen. »Für euch wird es nie zu Ende sein. Sie werden euch überall herumstoßen … ich wollte, wir wären geblieben, Recher, trotz allem.« Und dann waren in seinen Augenhöhlen nur noch Tränen, als mache er sich Vorwürfe, daß er, der keinen Trost mehr brauchte, auch keinen für die anderen habe.

Seine Hände mit den schmalen, abgemagerten Handgelenken tasteten über die Decke. Eine Weile stand Schröder stumm vor dem Bett. Er hatte viele sterben sehen, und er wußte, wie wenig es dabei für die anderen zu tun gab. Dr. Glauner gab ihm verstohlen ein Zeichen; Schröder folgte ihm auf den Gang hinaus.

»Es ist hoffnungslos«, sagte der Schiffsarzt. »Ich kann nichts tun. Er ist schon als Halbtoter an Bord gekommen, und ihm fehlt jeder Lebensmut.«

»Bleiben Sie bei ihm«, sagte Schröder. Er wartete, bis der Arzt in der Kabine verschwand. Dann ging er nachdenklich den schmalen Gang entlang, an den zahllosen Kabinen vorbei.

»Dr. Glauner hatte recht, wenn er sagte, der alte Weiler sei schon als halbtoter Mann an Bord gekommen«, erzählte

Schröder später, »wenn auch in einem anderen Sinn. Ich wußte bis zu diesem Augenblick sehr wenig von diesem Passagier. Später habe ich dann sein Schicksal erfahren:
Er hatte alles verloren, was ein Mensch zum Leben braucht. Zuerst hatten sie ihn von seinem Lehrstuhl an der Universität verbannt. Dann nahmen sie ihm seine Bücher, seine Bibliothek religiöser Schriften. Es zählte schon nicht mehr, daß sie ihn auch noch einsperrten. Er hatte schließlich nur noch einen Wunsch: in seiner Heimat zu sterben ...
Er starb, einundsechzigjährig, noch am gleichen Morgen an Bord der ›St. Louis‹. Ich war auf der Brücke, als der Arzt es mir mitteilte. Es war wenige Minuten nach 4 Uhr. Als offizielle Todesursache wurde im Zahlmeisterbericht eingetragen: ›Herzschwäche infolge Magenkrebses.‹
Die Witwe kam zu mir und äußerte den Wunsch, die Leiche einbalsamieren zu lassen und mit nach Havanna zu nehmen. Ich stimmte zu, und die Passagiere sammelten für die Kosten. Gemeinsam mit der Witwe sandte ich ein Telegramm an den in New York lebenden Sohn, damit er nach Havanna käme, um der Mutter beizustehen ...«

Die ›St. Louis‹ passiert an diesem Morgen mit einer Geschwindigkeit von 15,2 Knoten die Inselgruppe der Bermudas. Die Sonne scheint strahlend. Das Meer leuchtet wie flüssiges Quecksilber.

Leo Jockel, der Steward, schiebt einen kleinen Wagen mit Getränken von der Kombüse zum Aufzug; für die Gäste in den Liegestühlen auf dem Promenadendeck.

Stella Heymann ist bei den Kindern am Sandkasten.

Jan Lüttgens, Klarinettist der Bordkapelle, sitzt in einer der leeren Stuhlreihen des Bordkinos. Die Vorstellung beginnt um 9 Uhr 30. Wochenschau wird wie immer nicht gezeigt. Auf dem Programm steht einer der wenigen ameri-

kanischen Filme: ›Über die Grenze entkommen‹, mit Joan
Bennett und Randolph Scott.

Arthur Heymann, Stellas Bruder, hat neben dem Aufgang
am Sportdeck den Schießstand entdeckt. Er ist unterwegs
zum Büro des Zahlmeisters; er wird von ihm erfahren, daß
der Schießstand während dieser Reise nicht geöffnet wird.
Auf dem Sportdeck spielt eine Gruppe junger Männer und
Mädchen Shuffleboard.

Im elektrischen Lichtbad neben der Turnhalle lassen sich
vier Reisende, die an Arthritis leiden, bestrahlen. In der
Druckerei im B-Deck werden die Bilder des Bordfotografen
vom Tage vorher abgeholt. Beim Gepäckvorsteher im
C-Deck erkundigt sich ein Ehepaar nach einem fehlenden
Schrankkoffer.

Der Zinksarg mit der Leiche des alten Weiler wird von
zwei Matrosen in die Totenkammer über der Wäscherei ge-
schoben. Die Leiche ist vom Schiffsarzt einbalsamiert worden.

In seinem Wohnsalon empfängt der Kapitän die vom Zahlmeister ausgewählten Passagiere, um ihnen Kenntnis von
dem Telegramm zu geben, das die ›St. Louis‹ nach Mitternacht über Norddeich-Radio erreicht hat.

Es sind vier Passagiere, zwei der ersten und zwei der zweiten Klasse: Dr. Leopold Weiß, Dr. Max Zellner, Dr. Arthur
Hausdorff und Dr. Josef Joseph. Alles bekannte Rechtsan-
wälte.

Dr. Joseph, er stammt aus Rheydt, hat über diese Besprechung – wie auch über die späteren – Aufzeichnungen gemacht. Die erste Eintragung geht auf diese Unterredung mit
dem Kapitän zurück:

»Am 23. Mai wurde ich mit drei anderen Passagieren zum
Kapitän gebeten. Kapitän Schröder legte uns nahe, für die
Passagiere während der Fahrt als Vermittler zu fungieren. Er

habe uns eine unangenehme Nachricht zu übermitteln: Zweihundert jüdischen Passagieren an Bord des Hapag-Schiffes ›Orinoko‹, das am 27. Mai von Hamburg ebenfalls nach Kuba fahren sollte, sei die Einreise verboten worden. Der Kapitän fürchtete, daß auch wir Schwierigkeiten haben würden. Schröder sagte uns, daß die Landepermits der Passagiere für ungültig erklärt worden seien; die Reederei sei jedoch im Besitz einer schriftlichen Zusicherung, daß die ›St. Louis‹ landen dürfe.

Gleichzeitig mit der ›St. Louis‹ seien zwei weitere Schiffe mit jüdischen Emigranten nach Kuba unterwegs. Man befürchte, daß es Schwierigkeiten geben könne, wenn so ein großer Schub auf einmal ankomme. Unser Vorsprung betrage aber immer noch sieben Stunden, und alles werde getan, um diesen Vorsprung zu halten.

Nach dieser Unterredung beim Kapitän schickten wir ein Kabel an das jüdische Hilfskomitee in Havanna, mit der Bitte, dort die entsprechenden Schritte zu unternehmen, obwohl wir der Ansicht waren, daß für die Passagiere der ›St. Louis‹ – da wir schon auf hoher See waren – keine Landungshindernisse mehr bestehen könnten. Auf dieses Telegramm blieben wir ohne Antwort. Wir deuteten das Schweigen als gutes Omen.

Weiter beschlossen wir, den Inhalt des Telegramms vor den anderen Passagieren geheimzuhalten, um keine unnötige Beunruhigung hervorzurufen. Um jedoch allen Schwierigkeiten vorzubeugen, hielten wir es für angebracht, die Leiche des toten Weiler nicht mit nach Havanna zu nehmen, sondern auf hoher See beizusetzen. Es gelang uns, die Witwe von der Notwendigkeit dieser Maßnahme zu überzeugen.«

Auch in Havanna war man in diesem Augenblick zuversichtlich. Die Agentur der Hamburg-Amerika-Linie hatte ihre Geschäftsräume im Hotel Plaza. Es lag an der Neptuno-Front, einer Prachtstraße Havannas in der Nähe des Zentralparks, in der alle großen Reedereien ihre Niederlassungen hatten.

Dem Generalagenten der Hapag in Havanna, Luis Clasing, lag sehr viel daran, daß die Reise der ›St. Louis‹ zu einem guten Ende kam. Für die am 29. Mai geplante Rückreise der ›St. Louis‹ – von Havanna nach Hamburg über Lissabon – hatte die Agentur bereits 280 Passagiere gebucht; sie würden an andere Schiffe fallen, wenn die ›St. Louis‹ ihre Passagiere nicht in Havanna landen konnte. Wie aus einem Telegramm hervorgeht, waren von diesen Passagieren bereits 45 000 Dollar eingezahlt worden. Der Verlust von 45 000 Dollar hätte für das devisenarme Deutschland damals sehr viel bedeutet.

Als die ersten Schwierigkeiten, noch vor der Abreise der ›St. Louis‹, auftauchten, hatte Clasing in Kenntnis kubanischer Gepflogenheiten der Reederei vorgeschlagen, einen Señor Pedro Mendieta um seine Unterstützung zu bitten.

›Pedrito‹ – ›Peterchen‹, wie man Mendieta in Havanna nannte, war Präsident des Einwanderungsausschusses beim Kongreß und Abgeordneter der gesetzgebenden Versammlung. Pedrito war ein leidenschaftlicher, unverbesserlicher Spieler; er verlor riesige Summen und war ständig in Geldnöten. Auf seine Unterstützung konnte man daher immer rechnen, wenn man sich das etwas kosten ließ.

So erklärt sich folgendes Telefongespräch zwischen Hamburg und Havanna am 7. Mai 1939, das anschließend schriftlich festgehalten wurde:

»*Wir sind* (hier in Hamburg) *damit einverstanden, daß Sie* (Clasing in Havanna) *bis zu einem Betrag von äußerst US-Dollar 5000* (damals etwa 20 000 Mark) *jene Unter-*

stützung geben, die notwendig ist, um sicherzustellen ...,
daß die Passagiere der ›St. Louis‹ Landeerlaubnis erhal-
ten.
Die Zahlung des von Ihnen geforderten Betrages muß als
eine ausschließlich nur von Clasing privat ausgehende An-
gelegenheit durchgeführt werden. Unter keinen Umstän-
den darf irgendein Risiko für die Hapag damit verbunden
sein, in die Affäre verwickelt zu werden. Der Betrag ist zu
verbuchen als ›Besondere Ausgabe für Werbung‹.«

Am nächsten Tag, am 8. Mai, konnte Clasing nach Hamburg
kabeln:

ZU UNSEREM GESTRIGEN TELEFONGESPRÄCH: REISE GEHT
IN ORDNUNG.

Noch am 10. Mai telegrafierte Clasing:

LANDEPERMITS SIND RECHTSGÜLTIG ERKLÄRT WORDEN.
SIND IM BESITZ SCHRIFTLICHER ERKLÄRUNG DES GENE-
RALDIREKTORS FÜR EINWANDERUNG, DASS DEKRET NICHT
AUF PASSAGIERE DER ›ST. LOUIS‹ ANGEWANDT WIRD. STOP.
ES IST VON GRÖSSTER WICHTIGKEIT, ›ST. LOUIS‹ HIER EIN-
TRIFFT VOR ›ORDUNA‹ 27. MAI ›FLANDRE‹ 28. MAI.

Als die ›St. Louis‹ bereits zehn Tage auf hoher See war, hatte
Clasing jedoch Veranlassung, an seiner eigenen Zuversicht
zu zweifeln. Zuerst waren es nur Gerüchte. Dann hörte er es
direkt aus der kubanischen Staatskanzlei: Die Pässe der
›St.-Louis‹-Passagiere sollen gefälscht sein! Die Fälschungen
seien erstklassig. Über viertausend Juden seien bereits mit
solchen falschen Pässen aus der gleichen Quelle nach Kuba
eingewandert.

Die Staatskanzlei erklärte, daß die Pässe der ›St.-Louis‹-
Passagiere einer genauen Prüfung unterzogen würden. Und
sie erklärte noch etwas: Die Information über die Fälschungen käme aus Prag.
Zu dieser Zeit befand sich der sonst in Havanna akkredi-
tierte deutsche Gesandte zufällig in Prag. Zu dieser Zeit ver-
legte ein SS-Hauptsturmführer namens Adolf Eichmann, bis
dahin Leiter der jüdischen Auswanderungszentrale in Wien,
sein Tätigkeitsfeld nach Prag. Und zu dieser Zeit kursierte
das Rundschreiben des Außenministeriums bei den ausländischen Vertretungen des Reiches, in dem es hieß:
»Die antisemitische Welle zu fördern, muß eine Aufgabe
der deutschen Außenpolitik sein.«
Das sind die erwiesenen Tatsachen. Alles andere sind Vermutungen. Aber wer immer auch diese Falschmeldung –
denn sie war falsch, und dies sollte sich bald herausstellen –
aus Prag nach Kuba weitergab, erreichte damit sein Ziel:
Diese Situation gab Kubanern vom Schlage Pedrito Men-
dietas die Möglichkeit zu einem Spiel, das ihnen einträglicher
und mit weniger Risiko verbunden zu sein schien als das
Spiel am Roulettetisch ...
Alles zusammen war für Clasing Anlaß genug, um eine
Warnmeldung an die Reederei in Hamburg durchzugeben.

Die über neunhundert Passagiere an Bord der ›St. Louis‹, die
von alledem nichts ahnten, bestatteten am Abend des 23. Mai
ihren ersten Toten.
Kurz vor 11 Uhr abends wurde die in eine Persenning ein-
genähte Leiche des alten Weiler von zwei Matrosen an Deck
gebracht. Im Schein der Decklampen trugen sie das graue
Bündel zu der Holzrutsche auf dem Achterdeck. Der Kapitän hatte alle Veranstaltungen für diesen Abend abgesagt;
trotzdem waren nicht allzu viele gekommen. Die Witwe und

die engsten Freunde standen auf dem schwach erleuchteten Deck unter den Rettungsbooten. Außer ihnen waren auch einige Besatzungsmitglieder erschienen, darunter Jan Lüttgens, der Musiker ...

»Wir von der Besatzung hielten uns im Hintergrund«, erzählt Jan. »Wir wollten nicht neugierig erscheinen und keine Gefühle verletzen. Ganz vorn, bei der Holzrutsche, stand die Witwe, gestützt von Stella. Neben ihnen standen zwei Männer in dunklen, weiten Mänteln. Der Mann mit dem weißen Backenbart und der Kopfbedeckung war der Rabbiner. – Ich hatte erfahren, daß sich Frau Weiler lange gewehrt hatte, ihre Zustimmung zu der Beisetzung auf See zu geben.

Sie alle standen dort, stumm und reglos, als die Matrosen die Leiche auf die Holzrutsche hoben und die Bleigewichte und Taue anbrachten. Der Erste Offizier gab ein Lichtzeichen zur Brücke. Das Schiff stoppte. Und während es noch langsam auslief, begann einer der beiden Männer zu singen, in einem eintönigen, monotonen Rhythmus. Nach dem Vorbeter sprach der Rabbiner. Natürlich kann ich nach so langer Zeit nicht mehr den Wortlaut seines Nachrufes wiedergeben; ich weiß nur, daß seine Worte auf alle Anwesenden tiefen Eindruck machten.

Als er geendet hatte, sprach der Erste Offizier ein paar Worte. Es war ein kurzer Nachruf. Ich erinnere mich nur, daß er irgend etwas vom Gelobten Land sagte. Dann ließen sie die Leiche über die Rutsche ins Meer gleiten, und wie es Seemannsbrauch entspricht, genau in dem Augenblick, als die Sonne am Horizont versank. Wir standen dort wie angewurzelt. Der Kapitän hatte ein Blumenbukett geschickt, der Erste Offizier warf es ins Meer.

Auf ein zweites Lichtsignal hin nahm das Schiff seine Fahrt wieder auf. Die Matrosen bauten die Rutsche ab. Alles hatte nicht länger als zehn Minuten gedauert ...

Ich war schon in meiner Kabine«, berichtete Jan Lüttgens weiter, »ich wollte mich gerade hinlegen, als ich von Deck das Heulen einer Sirene hörte, ein heiseres, langgezogenes Tuten. Es war das Signal ›Mann über Bord‹.

Ich rannte nach oben. Leuchtbojen schwammen bereits auf der bewegten See. Die Schiffsschrauben mahlten rückwärts, ein Kutter wurde zu Wasser gelassen und legte ab. Ich sah ihn zwischen den Leuchtbojen auf und ab kreuzen. Sie suchten über eine Stunde, ergebnislos. Dann gab der Kapitän den Befehl, die Suche abzubrechen. Das Motorboot fischte die Leuchtbojen auf und kehrte zurück.

Eine große Anzahl von Passagieren war an Deck. Sofort nach dem Sirenenton waren sie nach oben geeilt, einige voller Panik. Sie standen dort, noch in ihren Schlafanzügen unter den schnell übergeworfenen Mänteln. Die Frauen hatten ihre Kinder im Arm, und einige trugen Handkoffer und Taschen bei sich.

Die ›St. Louis‹ zog noch einmal in ganz langsamer Fahrt einen Kreis um die Unfallstelle. Die großen Brückenscheinwerfer tasteten über die Wasseroberfläche. Ohne Erfolg. Um halb drei Uhr war das Schiff wieder wie ausgestorben …«

Im Bericht des Zahlmeisters steht unter dem Datum des 23. Mai:

Gegen 23.30 Uhr bemerkte der sich auf seinem Rundgang befindliche Feuerschutzmeister Gustav Wähling, daß der Aufwäscher der I. Kajüte, Leonid Berg, vom Verholdeck aus an Steuerbord über Bord sprang. Der hinzukommende Feuerschutzmeister Curd Silex warf sofort zwei Rettungsbojen über Bord, während Wähling telefonisch Meldung zur Brücke machte.

Der Aufwäscher Berg ist am 31. Juli 1908 in Odessa gebo-

ren. Er beherrschte die deutsche Sprache nur mangelhaft und konnte sich mit seinen Kameraden schlecht verständigen. Die Tat scheint in einer Anwandlung seelischer Depression begangen worden zu sein.

Mehrere Zeugen haben Leonid Berg bei der Bestattung des alten Weiler gesehen. Der Feuerschutzmann Wähling beobachtete, daß er genau an der gleichen Stelle über Bord sprang, an der zuvor die Leiche des alten Weiler dem Meer übergeben worden war.

Am Morgen des 25. Mai erreicht die ›St. Louis‹ die Floridastraße. Weder über Norddeich-Radio noch aus Havanna sind neue Nachrichten über Landungsschwierigkeiten eingetroffen. Nur Havanna kabelt immer wieder:
Beeilt euch. Jede Stunde kann entscheidend sein. Ihr müßt den Hafen spätestens am 27. Mai, zwei Uhr früh, erreichen. Das englische Emigrantenschiff, die ›Orduna‹ aus Liverpool, hat seine Ankunft für den 27. Mai, 9 Uhr morgens, angekündigt. Die ›Flandre‹, das französische Emigrantenschiff aus St. Nazaire, wird in den Morgenstunden des 28. Mai in Havanna erwartet.

Die Beisetzung Professor Weilers und die vergebliche Suche nach Leonid Berg haben drei Stunden gekostet. Der Vorsprung vor der ›Orduna‹ beträgt nur noch vier Stunden.

Vor dem Büro des Bord-Telegrafisten drängen sich die Passagiere, um ihre Angehörigen in Kuba von ihrer Ankunft zu unterrichten. In der Ladenstraße des Schiffes herrscht Hochbetrieb. Die Passagiere legen ihr Bordgeld an. Außer 10 Mark in bar hatten die Passagiere vor der Reise noch Geld in Bordschecks eintauschen können. Die der I. Klasse 220 Reichsmark, die der Touristenklasse 170 Reichsmark. Es gibt für die Bordschecks, die sie auf dem Schiff ausgeben müssen, nicht allzuviel zu kaufen. Füllfederhalter, billige Armbanduhren, Box-Kameras, Reisewecker, Briefpapier und Modeschmuck. Der Bericht des Zahlmeisters sagt darüber:

Die Geschäfte haben auf dieser Fahrt nur solche Gegenstände mitnehmen dürfen, die an nichtarische Emigranten verkauft werden dürfen. Dem Friseur ist es untersagt, französische Parfüms zu verkaufen. Die Bestände befinden sich in der Zahlmeisterei. Die in der Fotoartikelausrüstung des Bordfotografen befindlichen Fotoapparate im Wert über 30 Reichsmark sind ebenfalls in der Zahlmeisterei abgeliefert worden.

Die Läden an Bord sind bald leergekauft. Jetzt macht die Besatzung gute Geschäfte. Sie verkaufen den Passagieren Uhren und Ringe. Sie verkaufen selbst ihre Schlafanzüge, denn sie können in Deutschland das Bordgeld in bare Reichsmark zurücktauschen.

»Mancher von uns«, sagte der Steward Leo Jockel, »besaß in Havanna kein zweites Oberhemd mehr.«

Die Kinos sind leer. Die Bordkapelle spielt nur für einzelne Paare. Doch die Bar schließt nie vor Morgengrauen: Es ist eine kleine Gruppe; fast immer sind es dieselben Passagiere. Es sind die, die sich keine Illusionen machen. Sie geben ihr Bordgeld für Champagner, Jahrgang 29, aus, und sie halten jeden frei, solange das Geld reicht. »Wir feierten Abschied von dem guten Bordleben«, sagte der L-Klasse-Passagier Walter Wolff. »An das, was hinter uns war, wollten wir uns nicht erinnern. An das, was uns erwartete, wagten wir noch nicht zu denken.«

Die Ungewißheit zerrt an ihren Nerven. Sie haben Angst,

sich zu früh zu freuen. Nur die Kinder an Bord sind voller Erwartung. Die älteren unter ihnen, im schulpflichtigen Alter, nehmen Unterricht unter Stella Heymanns Anleitung. Sie sprechen fast nur von Kuba, ihrer zukünftigen Heimat. In einem Aufsatz eines dieser Kinder heißt es:

»*Kuba ist* ein *schönes Land. Es ist heiß dort, aber Stella sagt, Du wirst Dich schnell daran gewöhnen. In Kuba wirst Du Früchte essen, die Du noch nie gesehen hast. Dicke, goldene Bananen, duftende Ananas und Mangos, die aussehen wie goldene Herzen. Wie glücklich werden wir alle sein ...*«

Am Morgen des 26. Mai errechnet Kapitän Schröder, daß die ›St. Louis‹ mit zweieinhalb Stunden Verspätung in Havanna eintreffen wird – viereinhalb Stunden vor der ›Orduna‹. Kurz nach Mittag, vierzehn Stunden vor der Ankunft, sind sie nahe genug, um mit dem Sender der Hapag-Agentur in Havanna direkte Verbindung aufnehmen zu können. Luis Clasing gibt wieder zuversichtliche Nachrichten. Die Passagiere sollen noch in der Nacht nach der Ankunft von Bord gehen. Es ist vereinbart worden, daß die ›St. Louis‹ zunächst draußen in der Bai vor Havanna vor Anker gehen soll. Erst nach der Erledigung aller Formalitäten durch die Behörden wird das Schiff an der Pier anlegen.

Der 26. Mai, ein Freitag, ist wie alle Tage zuvor ein tropisch sonniger Tag. Das Schiff fährt gegen die starke Strömung des Golfstromes an der Küste Floridas entlang. Die Passagiere stehen an der Reling. Ferngläser gehen von Hand zu Hand. Am Nachmittag leeren sich die Decks der ›St. Louis‹. Die ersten Anweisungen werden durch die Bordsprechanlage gegeben. Die Passagiere sind in ihren Kabinen beim Packen. Der Kapitän hat das traditionelle Abschiedsessen abgesagt. Um 10 Uhr abends ist das Schiff wie ausgestorben.

Das Frühstück ist für halb vier Uhr angesetzt.

Es ist heiß in dieser Nacht in Havanna. Nur auf der Promenade am Prado und am Meer ist noch Leben. Die Stadt läßt den kühlenden Wind von See nicht in ihre Mauern; eine feuchte, dunstige Hitze hält sich in den breiten ausgestorbenen Straßenzügen zwischen den hohen schneeweißen Häusern. Die Räume der Hapag-Agentur im ›Plaza‹ sind um 1 Uhr nachts noch hell erleuchtet. Ein Ventilator summt an der Decke über Clasings Schreibtisch.

»Da mit der Ankunft des Schiffes zwischen 2 und 4 Uhr zu rechnen war«, heißt es in dem Rechenschaftsbericht von Luis Clasing, »blieben die Unterzeichner während der Nacht im Büro.«

Unten in der Halle des Hotels, vor der Vitrine mit dem angestrahlten Schiffsmodell, steht eine Gruppe von Menschen. Es sind Angehörige und Bekannte der ›St.-Louis‹-Passagiere. Sie warten hier schon seit Stunden. Clasing hat ihnen sagen lassen, daß die ›St. Louis‹ draußen in der Bai abgefertigt wird und erst in den frühen Morgenstunden an die Pier kommt – aber sie warten.

Um halb vier Uhr geht eine Funkmeldung der ›St. Louis‹ ein. Kapitän Schröder meldet die genaue Ankunftszeit: 4.30 Uhr. Clasing avisiert das Schiff sofort den kubanischen Behörden. Um Viertel vor vier morgens haben alle Stellen diese Meldung bestätigt. Der Hafenarzt, Zoll-, Polizei- und Einwanderungsbehörde rufen zurück, daß sie sich für das Eintreffen um halb fünf bereit halten werden. Clasing verständigt auch die in der Halle des Hotels wartenden Angehörigen. Sie machen sich sofort auf den Weg zum Hafen.

In dieser Nacht hat auch Moritz Heymann nicht geschlafen. Seine Frau, sein Sohn Arthur und seine drei Töchter, Stella,

Irma und Steffi, befinden sich an Bord der ›St. Louis‹. Moritz Heymann ist jetzt drei Monate in Havanna, aber die tropische Schönheit dieses Landes ist ihm fremd geblieben.

Die Heymanns gehörten zu einer Familie, die seit Jahrhunderten in Deutschland ansässig war. Sie kamen aus Berlin. Moritz Heymann, 1886 geboren, machte den Ersten Weltkrieg mit, als Freiwilliger wie viele andere. Wie andere verlor er bei der Inflation sein Vermögen. Und wie viele andere fing er wieder ganz von vorn an.

Wie sein Vater, studierte Moritz Heymann Medizin. Bis zum Jahre 1933 arbeitete er an der Berliner Charité. Im Februar 1933 wurde ihm gekündigt.

Er übernahm die Praxis eines jüdischen Kollegen in Berlin-Wilmersdorf. Es war eine bis dahin sehr gutgehende Praxis. Sein Vorgänger hatte 1933 sein Geld genommen und war nach London ausgewandert; ein nüchtern denkender Mann, der voraussah, was kommen würde. Er hatte Moritz Heymann die Praxis keineswegs umsonst überlassen. Er verlangte 26 000 Reichsmark Abfindung, für eine leere Praxis und ein paar zurückgelassene Instrumente, zahlbar in monatlichen Raten von 600 Mark.

380 Reichsmark kostete Heymann die Miete, Praxis und Wohnung zusammen. Dazu jeden Monat 600 Mark nach London; da jüdische Ärzte keine Kassen haben durften, blieb für ihn selbst nicht viel übrig. Aber für Moritz Heymann zählte nur, daß er noch weiterarbeiten konnte; er war besessen von seinem Beruf.

Vier Jahre später kam das Behandlungsverbot für alle jüdischen Ärzte. Die Praxis wurde ihm gekündigt. Die Famlie mußte aus der Wohnung heraus. Sie stellten ihre Möbel unter und zogen zur Untermiete zu anderen Juden in zwei möblierte Zimmer in die Bleibtreustraße. Sie lebten sehr zurückgezogen.

Moritz war in all diesen Jahren keineswegs blind für das, was um ihn herum geschah. Er hat sich in all diesen dunklen Jahren an den Gedanken geklammert – das geht vorbei. Oder er hat doch geglaubt, daß es besser sei, auszuharren, als seine Heimat zu verlassen. Es war, als wollte er es nicht sehen. Er schnitt jedem das Wort ab, der es wagte, etwas gegen Deutschland zu sagen. Er hatte sich deswegen mit seinem Sohn entzweit, den er Wilhelm getauft hatte, nach seinem Kaiser, und der sich aus Protest gegen alles Deutsche Arthur Israel nannte. Arthur hatte Deutschland schon 1935 verlassen und war nach Holland gegangen. Er arbeitete in Amsterdam in einem Schiffskontor. Und was die Eltern nicht wußten: Er gehörte einer englischen Gruppe an, die Sabotageanschläge auf deutsche Schiffe verübte. Sein Vater hat es nie erfahren, ebensowenig wie er von der Rolle wußte, die Arthur später im Sabotagekomitee an Bord der ›St. Louis‹ spielte ...

Arthurs Briefe aus Amsterdam waren voller Warnungen. Er beschwor seinen Vater, Deutschland zu verlassen. Es kam so weit, daß Liesel Heymann diese Briefe vor ihrem Mann versteckte.

Noch ein Ereignis zeigt Moritz Heymanns Haltung in diesen Jahren.

Er erzählt: »Es gab damals unzählige Passagewerber der Reedereien. Sie horchten in den Logen herum, in den Cafés, in denen Juden verkehren durften, oder sie ließen sich die Listen bei den Auswanderungsbüros zeigen. Wer noch Geld hatte, dem rieten sie, eine Passage auf einem Schiff zu buchen, das irgendwann einmal fahren würde Es kamen auch viele an unsere Tür. Und es hieß dann: ›Sie können doch schon jetzt einen Platz belegen für später. Denn jetzt haben Sie das Geld noch. Wer weiß, ob Sie später bezahlen können ...‹«

Er hat sie alle abgewiesen. – Er sagt:»Niemand verläßt seine Heimat leichten Herzens.«

Sie haben seine Illusion schnell zerstört. Sie verhafteten Moritz Heymann nach der Kristallnacht am Morgen des 10. November in seiner Wohnung. Er war nicht der einzige. Sie klopften an viele Türen. Sie hatten Totenköpfe auf schwarzen Schirmmützen. Sie kamen herein und sagten: Machen Sie sich fertig. Er beruhigte seine Frau und seine Kinder, denn er glaubte selbst jetzt noch an einen Irrtum. Dann führten sie ihn ab.

Er war nur einer von fast zwanzigtausend, die in diesen Tagen in ›Schutzhaft‹ genommen wurden. Die Gestapo erklärte sich bereit, sie zu entlassen, unter einer Bedingung: Sie mußten ein Visum zum Auswandern vorlegen können und möglichst eine Auszeichnung aus dem Weltkrieg besitzen ...

So begann die verzweifelte Bemühung um ein Visum. Stella war es, die von einem Konsulat zum anderen lief. Zuerst versuchte sie es beim amerikanischen Konsulat. Sie bekam eine Auswanderungsnummer im Rahmen der allgemeinen deutschen Quote – die Nummer 8987. Das bedeutete, daß es so gut wie aussichtslos war.

Endlich fanden die Heymanns einen kubanischen Konsul. Er verlangte tausend Dollar für ein Visum. Ein Touristenvisum, gültig für sechs Monate mit der Verpflichtung, keine Arbeit anzunehmen. Sie konnten nur dieses eine Visum bezahlen. Arthur Heymann besorgte 500 Dollar, eine Verwandte in den USA zahlte den anderen Teil auf eine New Yorker Bank ein. Anfang Januar bekamen sie das Visum. Für Moritz Heymann allein. Sie mußten sich trennen, es war ihre einzige Chance. Er wollte vorausfahren und versuchen, sie später nachzuholen.

Sie ließen Moritz Heymann frei, weil er das Visum hatte

und das EK 1 aus dem Ersten Weltkrieg. Zu Hause haben sie ihn nicht wiedererkannt, als er aus Oranienburg kam. Es war nichts Äußerliches, nichts, was er zeigen konnte, keine Wunden. Aber es schnürte ihnen die Kehle zu, als sie ihn wiedersahen, geschlagen und apathisch. Die nächsten Wochen waren voller Demütigungen. Sie wurden hierhin und dorthin zitiert. Stella war es, die zur Gestapo ging, zu den Auswanderungsbehörden, die den Paß mit dem roten ›J‹ abholte, die das letzte Tafelsilber auf die Staatliche Pfandleihe brachte. Und sie stand jeden Tag in der Schlange vor dem Berliner Büro der Hapag Unter den Linden. Anfang Februar bekam Moritz Heymann einen Platz auf einem Schiff nach Kuba. Die Familie fuhr nicht mit nach Hamburg. Sie hatte das Geld für ihre eigene Fahrt noch nicht. Dann warteten sie. Sie wagten sich kaum noch aus ihren vier Wänden. Es war ein andauerndes Verzweifeln und Hoffen. Sie hielten sich in ihren Zimmern wie in einem Boot über Wasser. Anfang April kam der Brief. Sie hatten sich angewöhnt, nicht sofort zu öffnen, wenn es klopfte. Sie warteten, stumm vor Schrecken. Aber es war die Frau, die ihnen die Zimmer vermietet hatte; sie schob ihnen den Brief unter der Tür durch. Marken aus Kuba. Vier Landepermits. Die Freiheit kam mit diesem Brief, der unter der Tür durchgeschoben wurde.

Sie sind dann am 12. Mai, einem Freitag, nach Hamburg gefahren. Sie haben die Bekannten gebeten, nicht zum Bahnhof zu kommen. Sie tragen ihre Koffer ein paar Straßen weiter zu einem Taxistand Ecke Kantstraße. In der Bleibtreustraße wohnen viele Juden, und sie wollen nicht riskieren, daß man sie abweist.

Sie fahren zum Lehrter Bahnhof. Sie kommen viel zu früh. Der Lautsprecher in der weiten Halle klingt lauter als sonst; jeden Augenblick kann die Stimme ihren Namen ausrufen.

Jeder, der auf sie zukommt, kann sie abholen. Endlich läuft
der Zug ein. Mit leeren Abteilen. Aber sie suchen sich keinen
Platz. Sie bleiben im Gang stehen bei ihren Koffern. Stella
hält die Kinder an der Hand. Der Zug fährt immer noch
nicht. Der erste harte Ruck wirft sie durcheinander. Sie
haben nicht den Mut, aus dem Fenster zu sehen. Im Hotel
Reichshof in Hamburg sind Zimmer für sie reserviert. Sie
treffen zum erstenmal mit den anderen Passagieren zusammen. Sie haben vom Portier des Hotels eine gelbe Karte
bekommen, die sie auffordert, auf dem Zimmer zu früh-
stücken.

Am Morgen des 13. Mai zählen sie noch einmal ihr Geld.
Sechsundfünfzig Mark. Sechzehn Mark zuviel. In der Ho-
telhalle gibt es Puppen zu kaufen. Sie kaufen eine Puppe für
Irma, die Fünfjährige. Sie darf sie sich selbst aussuchen. Sie
wählt eine mit blonden Haaren und blauen Augen. Sie läßt
sie nicht mehr aus den Händen. Sie sind unter den letzten, die
an Bord der ›St. Louis‹ gehen.

Moritz Heymann hatte seiner Familie nicht geschrieben, wie
er die 1000 Dollar für die Permits zusammenbekommen
hatte. Er hatte nichts geschrieben von Bettelbriefen an entfernte Verwandte, die sich kaum an ihn erinnerten. Auch
von dem anderen hatte er nichts geschrieben: von seinem
kleinen Zimmer in der Pension Miami, von den beschämen-
den Bittgängen zum ›jüdischen Hilfsverein‹, wo er eine Unterstützung von 4,50 Dollar in der Woche abholte. Und auch
davon, daß er eine Halbtagsarbeit als Hilfsarbeiter in einer
Hemdenfabrik gefunden hatte, stand kein Wort in seinen
Briefen. Er hatte ihnen geschrieben, daß es ihm gutgehe, daß
er jeden Abend die kostenlosen spanischen und englischen
Sprachkurse des Hilfsvereins besuche – und daß er auf sie
warte.

In dieser Nacht noch würde sein Warten enden. Er schritt schneller aus, als er daran dachte. Er befand sich jetzt in der Nähe des Hafens. Er war nicht allein. Mit ihm waren in dieser Nacht viele andere auf den Straßen unterwegs, die zum Hafen führten ...
Er fand den Zugang zu den Kais von der Hafenpolizei abgesperrt. Eine ganze Gruppe von Wartenden stand dort vor dem Kordon, der die Straße abriegelte. Die Posten trugen graue Uniform. Sie hatten die Gewehre geschultert, schnippten ihre halbgerauchten Zigaretten auf die Erde und unterhielten sich unbekümmert. Niemand von den Wartenden näherte sich ihnen mit der Bitte, sie durchzulassen. Niemand versuchte mit Gewalt, sich einen Weg zu bahnen. Die Frauen und Männer, die hier warteten, kannten die Bedeutung von Uniformen ...
Von dort, wo Moritz Heymann stand, sah er das Wasser und das Licht des Leuchtturmes von Morro Castle in der Nacht. Er spürte den kühlenden Wind, der vom Meer kam. Er starrte in die Dunkelheit hinaus, aus der das Schiff auftauchen mußte.

An Bord der ›St. Louis‹ war das Frühstück gerade beendet. Es war noch stockdunkel draußen und von der Küste nichts zu sehen. Nur der Lichtarm eines Leuchtturmes strich über das Meer.
Die Passagiere drängten sich an der Reling, es schien, als seien alle Neunhundert hier oben. Immer wieder wurden sie durch den Bordlautsprecher aufgefordert, mit ihrem Gepäck und Ausweisen in die Speisesäle zu kommen. Aber sie blieben an Deck, bis die Stadt so nahe war, daß man im Dunkeln die Lichtreklamen an den Häuserwänden sehen konnte und die Scheinwerfer einzelner Autos auf der Aussichtsstraße am Meer. An der Dreimeilenzone kam ihnen ein

Boot entgegen. Das schnelle, schnittige Fahrzeug umkreiste die ›St. Louis‹ und fuhr dann steuerbord voraus. Im Licht des Scheinwerfers am Heck des Lotsenbootes flatterte die Flagge Kubas.

»Ich bin noch einmal unter Deck gegangen«, erzählt Jan Lüttgens, der Klarinettist, »um mein Instrument zu holen. Die langen, schmalen Gänge lagen verlassen da. Die Türen zu den Kabinen standen offen und die Stewards waren dabei, die leeren Räume nach vergessenen Sachen zu durchsuchen. Die Stimme aus dem Bordlautsprecher hallte durch die Gänge; man forderte die Passagiere auf, zur Kontrolle durch den Hafenarzt in die Speisesäle zu kommen. Im Verbindungsgang am B-Deck traf ich Leo Jockel. Der Steward kam aus der Kabine B 110, der Kabine der Heymanns. Er hatte eine Puppe in der Hand, eine blonde Käthe-Kruse-Puppe. Er hatte sie hinter einem an der Wand hochgeklappten Bett gefunden. Ich sagte Jockel, ich würde sie in den Speisesaal bringen ...«

Im Speisesaal der I. Klasse waren die Tische und Stühle zur Seite gerückt worden. Die Passagiere standen dort, fertig zum An-Land-Gehen.

»Ihre Gesichter hatten sich auf dieser Seereise verändert«, erzählt Jan. »Sie waren braungebrannt oder gerötet von der Sonne und dem Wind.

Stella trug, wie damals in Hamburg, das schwarze, hochgeschlossene Samtkleid. Sie hielt ihre kleinen Geschwister an der Hand. Das Gesicht der Mutter war bleich. Arthur stand dort in seiner nachlässigen Sportkleidung und sah mich kalt und etwas spöttisch an. Ich wußte, als ich ihnen gegenüberstand, nicht, was ich sagen sollte. Ich dachte, gleich gehen sie von Bord, und du mußt ihnen noch etwas sagen – aber ich fand nicht die Worte ...

Das Kind hatte die Puppe in meinen Händen entdeckt.

›Das ist meine Puppe‹, sagte das kleine Mädchen. Aber es

nahm sie nicht, sondern sah fragend die Mutter an. Ich drückte dem Kind die Puppe in die Hand.

Plötzlich wurde es eigenartig still, das vibrierende Geräusch der Motoren hatte aufgehört. Die ›St. Louis‹ hatte Anker geworfen ...«

Stimmen schwirrten aufgeregt durcheinander. Minuten später betraten zwei Männer den Saal, die beiden kubanischen Hafenärzte. Sie ließen die Passagiere an sich vorbeidefilieren. Sie stellten keine Fragen. In zehn Minuten war alles erledigt. Wortlos verließen die Ärzte den Saal. Die Passagiere warteten voller Ungeduld. Im Lautsprecher wurde bekanntgegeben, daß die Barkasse mit der Zoll- und Hafenbehörde angelegt habe. Mit der Ausschiffung sei in einer halben Stunde zu rechnen. Die halbe Stunde verging. Nichts geschah. Die Passagiere warteten, die Pässe in den Händen. Niemand wollte sie sehen, niemand kontrollierte ihr Handgepäck. Sie bestürmten die Stewards mit Fragen. Aber niemand wußte etwas Genaues. Dann hieß es, die Kontrolle beginne gleich, man warte nur noch, bis die Immigrationsbehörde an Bord sei ...

»Ich mußte an Deck zu den anderen von der Bordkapelle«, erzählt Jan. »Ich sah noch, ehe ich den Speisesaal verließ, wie die gelben und weißen Landkarten an die Passagiere ausgegeben wurden ...«

Draußen war es heller geworden. Die Bordkapelle hatte sich an Achterdeck versammelt. Sie wartete auf den Augenblick, in dem die ›St. Louis‹ an die Pier gehen würde. Das Licht des Leuchtturms war jetzt fahl. Es lag hinter ihnen. Aus dem Halbdunkel tauchten die düsteren Mauern der Festung Morro Castle auf, in deren Schatten die ›St. Louis‹ ankerte. Vor ihnen lag die Bucht von Havanna und die Stadt. Langsam wuchs sie aus der Dämmerung. Eine sanfte, heiße Glut wehte vom Land herüber.

Plötzlich war es heller Tag. Die Stadt lag dort, eine weiße Silhouette unter einem tiefblauen Himmel, weiß, strahlend und greifbar nahe. Die Passagiere unter Deck hatten sie bisher noch nicht gesehen.

Die Musiker warteten fast eine halbe Stunde. Als dann noch immer nichts geschah, gab der Leiter der Bordkapelle den Einsatz. Sie spielten wie immer ihr traditionelles Ankunftslied:

Freut euch des Lebens ...

3

»Kann ich die Passagiere nun an Land lassen?«

Die Hafenpolizei riegelte seit vier Uhr früh sämtliche Wege zur Hafenmole ab. Zu der Schar übernächtigter Männer und Frauen, die seit vielen Stunden auf die Ankunft des Schiffes gewartet hatten, kamen jetzt bei Anbruch des Tages noch zahlreiche Neugierige hinzu. Bis die Sonne aufging, hatte sich an der Avenida del Puerto eine große Menschenmenge angesammelt. Alle schauten hinüber zu dem Schiff, das scheinbar unbeweglich etwa 300 Meter entfernt draußen in der Bai lag.

Es wurde jetzt schnell heiß. Die Posten saßen, ihre Gewehre zwischen den Knien, unter den Palmen und Granatbäumen der Kaianlage. Die Blätter waren grau vom Staub und hingen unbeweglich herab. Moritz Heymann stand ganz vorn am Seil, das quer über die Straße gespannt worden war. Er war müde, aber um nichts in der Welt hätte er seinen Platz in der ersten Reihe aufgegeben; denn jeden Augenblick mußte die ›St. Louis‹ an die Pier herankommen.

Der Posten in der graugrünen Uniform, der vor Heymann stand, hatte ein Fernglas. Es baumelte an einem langen Lederriemen an seiner Brust. Der Soldat wandte sich Heymann zu, sagte etwas auf spanisch und lächelte. Das dünne Bärtchen auf seiner Oberlippe verzog sich zu einem waagerechten Strich. Heymann schüttelte den Kopf; er verstand kein Wort Spanisch. Der Posten deutete auf das Fernglas, wies mit einer fragenden Geste auf das Schiff draußen in der Bucht, und als Heymann immer noch nicht verstand, streifte der Soldat den Lederriemen über den Kopf und drückte Heymann das Glas in die Hand.

Jetzt endlich begriff Heymann. Er nahm das Glas, und es wäre seinen Händen, die plötzlich heiß und feucht waren, beinahe entglitten; als er es an die Augen setzte, stieß er damit gegen seine Brillengläser. Zuerst sah er nur Wasser. Dann plötzlich hatte er die Reling im Okular. »Können Sie etwas sehen?« hörte er eine Stimme neben sich. Heymann bewegte das Glas ganz langsam, aus Angst, das Schiff wieder aus den Augen zu verlieren. Einen Augenblick schlug sein Herz schneller bei der Vorstellung, unter den Menschen an der Reling die zu erkennen, auf die er wartete. – Fast jeden Tag in den vergangenen drei Monaten war er hierher zum Hafen gekommen; er hatte hier gestanden und hatte versucht, dieses Bild heraufzubeschwören. Jetzt war es Wirklichkeit: die weite, glitzernde Bucht, die Sonne und das Schiff …

»Was ist?« fragte der Mann neben ihm drängend. »Ist es die ›St. Louis‹ oder nicht?«

Heymann sah niemanden an der Reling.

»Geben Sie mir mal das Glas«, sagte der Mann neben ihm ungeduldig. Aber Moritz Heymann hielt das Glas umklammert. Er sah jetzt den Bug des Schiffes, und der Name stand groß und klar vor seinem Auge. »Es ist die ›St. Louis‹!« sagte Heymann. »Sie haben sich den schönsten Tag ausgesucht für die Ankunft.«

Er erkannte jetzt den großen, schlanken Mann, der neben ihm stand; sein Zimmernachbar aus der Pension. Der junge Mann war gestern mit der Nachmittagsmaschine aus New York gekommen. Er trug eine schwarze Seidenbinde um den linken Ärmel seines leichten, hellen Anzuges. Er war der

Sohn Professor Weilers aus Köln, der auf der Überfahrt an Bord gestorben war.

Heymann wollte ihm das Glas geben, doch da wurde es ihm plötzlich von dem Posten aus der Hand genommen. Lachend hielt der Soldat sein Fernglas hoch in die Luft und rief: »Pesos!« Mit dem Daumen seiner linken Hand bezeichnete er den Preis: »Un Peso!« rief er.

Der junge Weiler aus New York war sofort bereit zu zahlen, er kramte in seiner Tasche nach einer Münze – seine Nachbarn links und rechts taten das gleiche. Da streckte der Posten, immer noch lachend, zu dem Daumen auch noch den Zeigefinger in die Luft. »Dos Pesos!« rief er jetzt, »dos Pesos, Señores y Señoras!« Er nahm seine Mütze ab und kassierte. Das Fernglas ging von Hand zu Hand.

Moritz Heymann stand eingekeilt zwischen den aufgeregten Menschen. Er war glücklich. Er schwitzte in dem dunklen, viel zu schweren Anzug. Die Stadt, deren tropische Schönheit ihn immer nur daran erinnert hatte, daß er ein Fremder war, bekam mit einem Male ein vertrautes Gesicht. Er sah die Kräne an der Pier, die große Netze mit Ananas an Bord eines Schiffes hievten. Er sah die weißen Motorboote in der Bucht, die mit amerikanischen Touristen zum Angeln fuhren. Ein Flugzeug überflog die Bucht und kreiste dann niedrig über der Stadt, ehe es zur Landung ansetzte. Heymann blickte auf die Uhr. Es war kurz nach acht. Es war die Maschine der Pan American aus Miami. Er war sehr glücklich, daß er es wußte, als sei er damit jemand, der zu dieser Stadt gehörte.

Die Männer und Frauen um ihn herum hatten plötzlich Taschentücher in den Händen und winkten. »Was ist denn?« fragte Heymann.

»Sie sollen jetzt an Deck sein«, erklärte Weiler.

Alle hatten jetzt etwas in den Händen; sie hoben ihre

schwarzen Filzhüte und die Blumensträuße, die längst verwelkt waren, und winkten zu dem Schiff hinüber, das in der Bucht vor Anker lag. Aber nichts geschah. Die Posten patrouillierten auf und ab. Plötzlich hieß es, daß es Schwierigkeiten bei der Ausschiffung gäbe. Reporter hatten die Nachricht aus der Stadt mitgebracht. Niemand wußte etwas Genaues. »Was sollen wir hier noch warten«, sagte Weiler. »Kommen Sie, wir nehmen uns ein Boot.«

Moritz Heymann hat die Geschichte dieses Morgens päter erzählt. Er zweifelte keine Sekunde, so sagte er, daß die Trennung von seiner Familie nur noch wenige Stunden andauern würde. Dort, greifbar nahe, lag das Schiff. Dreizehn Tage war es unterwegs gewesen. 6200 Seemeilen hatte es zurückgelegt; was bedeuteten da noch fünfhundert Meter ... Er hat sich dann ein Boot genommen. Und wie alle anderen fuhr er damit hinaus in die Bucht, der ›St. Louis‹ entgegen. Dort, wo sie gewartet hatten, lagen ein paar zertretene Sträuße auf dem staubigen Pflaster.

»Lieber Junge, ich schreibe Dir, um Dir ein bißchen näher zu sein und um die Zeit des Wartens auf die Ausschiffung abzukürzen«, so beginnt ein Brief, der das Datum vom 27. Mai trägt. Er ist geschrieben von der 65jährigen Julie Fuld und gerichtet an ihren Sohn Max Fuld aus New York, der zur Begrüßung seiner Mutter nach Kuba gekommen ist und im Hotel Lutz wohnt. *»Ich sitze in meiner Kabine. Meine Koffer stehen neben mir. Ich habe nichts ausgepackt. Du weißt ja, ich bin ein bißchen abergläubisch, und wenn wir bis heute abend nicht von Bord sind, werde ich ohnehin nicht schlafen können ... Alle an Bord sind sehr zuversichtlich, daß wir bald an Land dürfen. – Wir standen heute morgen schon in einer langen Reihe neben unseren Koffern, ein Arzt kam, und wir bekamen auch schon die*

Landungskarten, aber dann ließ man uns doch nicht aussteigen. Niemand weiß, warum. Wir sind dann an Deck gegangen, und das war ein unvergeßliches Bild: der blaue Himmel, die weißen Häuser. Wir waren alle bis ins Innerste aufgewühlt, als wir unsere neue Heimat in dem strahlenden Glanz zum erstenmal sahen. Das hättest Du erleben sollen, sie waren alle selig und tanzten und sangen vor Freude.

Aber die Zeit verging. Wir wurden von Stunde zu Stunde vertröstet. Auf einmal hieß es, daß mit unseren Pässen etwas nicht in Ordnung sei, wieder andere wollten gehört haben, es sei alles nur, weil wir zuerst in ein Lager sollten ... Dann kamen die ersten Boote mit den Freunden und Verwandten. Ich habe mir die Augen ausgeguckt, aber ich habe Dich nicht entdecken können. Vielleicht ist in ein paar Stunden alles vorbei, und wir werden uns wiedersehen, und ich brauche Dir diesen Brief gar nicht zu geben; dann wirst Du nie wissen, wie sehr Angst ich hatte.«

Seit es Tag war, patrouillierten ständig Polizeibarkassen um den Ankerplatz des Schiffes.

»Sie umkreisten uns wie Wachhunde. Sie schnitten jedem Boot, das näher zu kommen versuchte, den Weg ab«, berichtet Jan Lüttgens. »Es waren kleine Boote, und sie waren so überfüllt, daß man immer Angst hatte, sie würden kentern. Die Insassen winkten und hoben die Hände an den Mund und schrien Namen zu uns herüber. Die Passagiere an Bord gaben sie weiter, um die Verwandten an Bord zu verständigen. Ich stand am Achterdeck, plötzlich hörte ich den Namen ›Heymann‹. Der Ruf kam von einem kleinen Motorboot mit einem Sonnensegel am Heck.«

Jan ging dann in die Kabine der Heymanns, B 110. Niemand war da. Gepackte Koffer standen in der Mitte des

Raumes. Schließlich fand er Arthur Heymann in seiner Kabine.

»Sie werden gerufen«, sagte Jan, »von einem der Boote draußen. Sie haben doch Verwandte an Land?«

Arthur Heymann sah ihn kühl an. »Danke.« Jan hatte die Kabine bereits verlassen, als Arthur Heymann ihm nachrief: »Hören Sie, die Besatzung darf doch an Land?«

Jan blieb stehen und wandte sich um. »Ja. Aber bis dahin sind Sie vielleicht auch schon von Bord.«

»Glauben Sie? Ich bin nicht so sicher. Warum haben wir die Rückreise bezahlen müssen?« Aus seiner Stimme sprach bittere Ironie. »Wissen Sie schon, wann die Besatzung an Land darf?«

»Wahrscheinlich noch heute nachmittag. Übermorgen sollen wir schon wieder auslaufen. Warum fragen Sie?«

Arthur Heymann war ihm auf den Gang gefolgt. »Nur so. Kommen Sie, zeigen Sie mir das Boot.«

Als sie an Deck kamen, zog gerade ein großes Schiff an der ›St. Louis‹ vorüber. Es kam von See und glitt kaum vierzig Meter an ihnen vorbei. ›Orduna‹ stand groß am Bug des Schiffes; am Heck wehte die englische Flagge. Die kleinen Boote der Besucher schaukelten im Wellengang des Schiffes. Das Boot mit dem Sonnensegel war nicht mehr dabei. Eine Weile sprachen sie nichts. Sie lehnten nebeneinander an der Reling. Vor ihnen lag die Stadt, in einer flimmernden Hitzewelle. Die Sonne stand jetzt fast senkrecht am Himmel. Die ›Orduna‹ ging nicht an die Kais. Ein paar hundert Meter von der ›St. Louis‹ warf sie Anker in der Bai.

Plötzlich sagte Arthur Heymann: »Ich möchte Ihnen gern einen Brief für meinen Vater mitgeben, wenn Sie an Land gehen.« Die Arme auf die Reling gestützt, starrte er vor sich hin.

»Warum nicht.«

Hamburg, Mai 1939:
Die ›St. Louis‹ im Freihafen in Kuhwerder am Schuppen 76, dem Kaiser-Wilhelm-Höft, und ihr Kapitän Gustav Schröder.

Berlin 1939:
Menschenschlange
vor dem Reisebüro
des Palestine Orient
Lloyd.

Hamburg,
13. Mai 1939:
Die Passagiere
gehen an Bord der
›St. Louis‹.

Nach
Jahren der
Demütigung
wieder als
Menschen
behandelt.

Gesellschaft-
raum und
Promenaden-
deck der
‹St. Louis›.

AN BORD DES MOTORSCHIFFES „ST. LOUIS"
Sonntag, den 21. Mai 1939

HAUPTMAHLZEIT

Kaviar auf Röstbrot

Tafelsellerie   Oliven

Minestra

Kraftbrühe mit Markklößchen

Gebratene Seezunge Mirabeau

Lendenschnitte Rossini, Saratoga Chips

Gebratener Mastputer, Selleriefüllung

Stangenspargel, Holländische Tunke

Weinkraut   Spinat in Sahne

Makkaroni in Parmesan

Gekochte, Mus- und Lyoner Kartoffeln

Kopf- und Gurkensalat

Kalifornische Pfirsiche

Suchard-Creme   Eisbecher Carmen

Himbeer-Eis

Holländer und Brie-Käse

Früchte

Kaffee   Tee

Kleine Abendplatten

Roastbeef (kalt), Remoulade, Bratkartoffeln

Corned Beef mit Gemüsesalat

Lammkeule mit Minztunke, Bohnensalat

Schweinskotelett Thomas

Sonntag, 21. Mai 1939:
»Verpflegung und Bedienung ausgezeichnet!«

»Nur, daß es klar ist zwischen uns«, fuhr Heymann gereizt auf. »Ich bitte Sie nicht darum. Sie können es auch bleibenlassen.«

»Ich habe doch schon ja gesagt«, antwortete Jan.

»Ich werde den Brief bereithalten, wenn Sie an Land gehen«, sagte Arthur Heymann noch und verschwand in einem Niedergang.

Nach einer Eintragung im Logbuch des Hafens befanden sich am Morgen des 27. Mai außer den regelmäßig zwischen La Habana und Miami verkehrenden Fährbooten die folgenden Schiffe im Hafen von Havanna: Fünf Amerikaner mit Touristen an Bord: Die ›Uruguai‹, die ›Wichita‹, ›Mexico‹, ›City of San Francisco‹ und die ›Florida‹. Die ›San Denis‹ aus Honduras. Die Yacht eines amerikanischen Millionärs aus Key West, die ›Okea‹. Ausgelaufen war die ›Veragua‹ mit 700 Sack Kaffee, 150 Kisten Rum und 1300 Netzen Ananas für New York. Die Ankunftszeit der ›Orduna‹ ist mit elf Uhr angegeben.

Die Polizeipatrouillen um die ›St. Louis‹ waren noch verstärkt worden; sechs Barkassen umkreisten jetzt das Schiff. Um die ›Orduna‹ kümmerte sich niemand. Nach einer halben Stunde schoß eine kleine Dampfwolke neben dem Schornstein des Engländers hoch, ein heiserer Sirenenton folgte. Der Engländer versuchte, die Aufmerksamkeit der Hafenbehörden auf sich zu lenken. Das dumpfe, nervöse Tuten der ›Orduna‹ wiederholte sich alle zehn Minuten. Aber nichts geschah.

Auch bei den kubanischen Hafenbehörden herrschte Ratlosigkeit. Selbst der Hafenkapitän, Eduardo Hernandes Garcia, wußte bis zur Stunde nicht den Grund, warum die Passagiere der ›St. Louis‹ nicht an Land durften. Sein damaliger Stellvertreter, Adolpho Herrberg, arbeitet noch heute bei der

Hafenbehörde in Havanna. Er hat Zugang zu den Dokumenten jener Zeit.

»Die Ankunft der ›St. Louis‹ war uns für den Morgen des 27. gemeldet«, erzählt der heute 60jährige Herrberg. »Alles war geregelt. Es war vorgesehen, das Schiff am ›Ward Terminal‹ festmachen zu lassen. Wir hatten dort einen Lagerschuppen extra für die uns gemeldete Fracht errichtet: für 3000 Koffer, 1800 Gepäckstücke und 68 Tonnen Möbel.

Als ich um 8 Uhr in mein Büro kam, erfuhr ich zu meiner Überraschung, daß die ›St. Louis‹ immer noch in der Bai ankerte, ein paar hundert Meter von der alten kubanischen Festung Morro Castle entfernt. – Hafenarzt, Zoll und Hafenpolizei waren an Bord. Die Immigrationsbehörde war einfach nicht erschienen. Erstaunt und wütend rief Garcia daher den Chef der Immigrationsbehörde, den Colonel Manuel Benitez, an. Ich wurde Zeuge folgenden Gesprächs:

Garcia: ›Was *ist mit der* ›St. Louis‹? *Warum sind Ihre Beamten nicht an Bord? Kann ich die Passagiere nun an Land lassen?*‹
Benitez: ›*Lassen Sie die Finger davon, Garcia. Wenn Ihnen Ihre Stellung lieb ist, dann vergessen Sie das Schiff. Dieses ist ein besonderer Fall, und wir müssen uns da heraushalten.*‹
Etwas später kam ein Sonderbeauftragter des Präsidenten Kubas in die Hafenbehörde. Er hatte eine Unterredung mit Garcia. Was besprochen wurde, ist mir nicht bekannt. Aber als ich Garcia später nach Instruktionen fragte, sagte er mir wörtlich: ›Der Präsident persönlich hat uns das Betreten des Schiffes verboten. Wir haben ab sofort nichts mehr mit der ›St. Louis‹ zu tun. Die Leute des Präsidenten übernehmen den Fall.‹«

Auf der Brücke der ›St. Louis‹ hatte der Kapitän seine Offiziere zusammengerufen. Auch Schröder wußte bis zur Stunde nicht, was mit seinen Passagieren geschehen würde. Luis Clasing, der Generalagent der Hapag in Havanna, der mit dem Zoll an Bord gekommen war, hatte das Schiff wieder verlassen, um bei den Behörden an Land zu protestieren. Bis jetzt lag nur eine Nachricht von ihm vor: Der Präsident von Kuba hatte eine Abfertigung des Schiffes untersagt.

Im Tagebuch Kapitän Schröders finden sich die folgenden Eintragungen:

Samstag, 27. Mai, 9 Uhr
Ich gebe die Nachricht von Clasing an die vier Vertrauensleute vom Bordkomitee weiter. Sie werden laufend von allen Maßnahmen unterrichtet.
Señor Alfonso Forcade, der Sonderbeauftragte des Präsidenten, befindet sich an Bord. Er überprüft in der Zahlmeisterei die Pässe, da Gerüchte umlaufen, daß diese gefälscht seien. Er ist erstaunt, daß die deutschen Pässe unserer Passagiere mit einem roten ›J‹ gekennzeichnet sind. Er erklärt, daß erst geprüft werden müsse, ob die Pässe überhaupt gültig seien. Außer zwei Kubanern und vier Spaniern, die in Cherbourg an Bord gekommen sind, sind 16 unserer Passagiere im Besitz von Visen kubanischer Konsuln. Forcade meinte, daß nur diese 16 an Land gelassen werden dürfen. Alle übrigen Passagiere haben die vom Chef der Immigrationsbehörde, Colonel Benitez, ausgestellten Landepermits.
9.30 Uhr. Die zwei Kubaner und die vier Spanier, die in Cherbourg an Bord gekommen sind, dürfen an Land. Keine neuen Nachrichten von Clasing.
13 Uhr. Die ›Orduna‹, die seit einer Stunde mittels ihrer Si-

*rene die Aufmerksamkeit der Behörden auf sich lenkt, geht
an den Kai. Das englische Schiff aus Liverpool, vor dem wir
unbedingt ankommen sollten, hat unter anderem 154
nichtarische Flüchtlinge an Bord.*

*20 Uhr. Alle Bemühungen von Clasing bisher erfolglos.
Der Präsident der Republik soll die von Colonel Benitez,
dem Chef der Immigrationsbehörde, ausgegebenen Landepermits für ungültig erklärt haben. Nur solche Passagiere dürfen an Land, die im Besitz eines ordentlichen Visums sind und eine Garantiesumme von 500 Dollar hinterlegt haben. Das sind von der ›St. Louis‹ nur 16 Passagiere.
Alle anderen haben die Landepermits der Immigrationsbehörde.*

*Drei von 16 Passagieren mit Visa erhalten abends die
Landeerlaubnis. Es handelt sich um drei kleine polnische
Kinder, deren Eltern bereits seit einiger Zeit in Kuba sind.
Um unter den Passagieren keine Beunruhigung hervorzurufen, wurden sie erst nach Dunkelheit an Land gebracht.*

*21 Uhr. Die ›Orduna‹ hat Havanna bereits wieder verlassen, zur Weiterfahrt nach Südamerika. Ich erfahre, daß das
Gepäck aller 154 Passagiere ausgeladen worden ist, aber
nur die Passagiere mit Visa, insgesamt 68, sind an Land gelassen worden. Marinepolizei soll die anderen, die gewaltsam an Land zu gehen versuchten, gezwungen haben, wieder an Bord zu gehen.*

*Es heißt, daß der Kapitän der ›Orduna‹, auf der Rückreise
Havanna zu einem zweiten Landungsversuch anlaufen
will.*

*23 Uhr. Bericht von Clasing. Er ist bis zum kubanischen
Außenministerium vorgedrungen. Dr. Remos verspricht,
sich beim Präsidenten für folgenden Kompromiß einzusetzen:*

Alle Passagiere im Lager Triscornia landen zu lassen, wenigstens 300, damit die bereits für die Rückfahrt gebuchten Passagiere untergebracht werden können ...
Sonntag, 28. Mai, 12 Uhr. Erst jetzt trifft die Antwort von Dr. Remos ein. Leider negativ. – Im Hafen ist die 8571 BRT große ›Flandre‹, aus St. Nazaire eingetroffen. Die Einwanderungsbehörden weigern sich, den 104 an Bord befindlichen Juden die Landeerlaubnis zu geben. Nur sechs von ihnen, die im Besitz eines Visums sind, konnten bisher gelandet werden. Die ›Flandre‹ verläßt den Hafen bereits nach vier Stunden zur Weiterfahrt nach Veracruz. Der Kapitän der ›Flandre‹ will versuchen, die 98 jüdischen Flüchtlinge auf der Rückreise zu landen. In vierundzwanzig Stunden läuft auch unsere Frist ab. Die Stimmung unter den Passagieren ist zuversichtlich ruhig. Nach wie vor kommen die Angehörigen zweimal am Tag mit Booten längsseits.
14 Uhr. Clasing wurde vom persönlichen Militäradjutanten des Präsidenten, Captain Manuel Estevez, empfangen. Der Präsident von Kuba verlangt die sofortige Abfahrt der ›St. Louis‹.
16 Uhr. Clasing berät sich mit den Leitern des jüdischen Hilfskomitees in Havanna. Folgende Maßnahmen wurden beschlossen und eingeleitet:
Einflußnahme amerikanischer Regierungskreise auf diplomatischem Wege über Washington.
Sammlung von Adressen einflußreicher amerikanischer Bürger, die zu ›St. Louis‹-Passagieren in verwandtschaftlichem oder sonst nahem Verhältnis stehen, zur Unterstützung dieser Aktion.
Entsendung einer hier und in den USA einflußreichen Persönlichkeit nach Havanna, zur Aufnahme von Verhandlungen mit dem Präsidenten. Mr. Lawrence Berenson,

*Anwalt und Präsident der kubanischen Handelskammer
in New York, soll übermorgen, am 30. Mai, in Havanna
eintreffen.*

*Wir haben unter diesen Umständen nach Hamburg te-
legrafiert, um die Verschiebung der für morgen ange-
setzten Abfahrt um zwei Tage zu erbitten.*

*17 Uhr. Von den Passagieren mit Paßvisum werden zwei
weitere gelandet. Der dienstfreien Besatzung wird mit
Einwilligung der Zoll- und Polizeibehörde die Erlaubnis
erteilt, an Land zu gehen. Um Mißbrauch zu vermeiden,
wurde den Landurlaubern beim Verlassen des Schiffes aus
der ihnen zustehenden Freigrenze 1 Dollar ausgezahlt.*

Barkassen fuhren für die Besatzung im Pendelverkehr vom
Schiff zum Hafen. Polizei kontrollierte an Bord die Papiere.
Die graugrün Uniformierten sperrten alle Zugänge zum Fallreep ab. Noch machte niemand von den Passagieren, die sich
an Deck drängten, den Versuch, sich mit Gewalt einen Weg
zu bahnen.

»Ich hatte mich mit einigen anderen Mitgliedern der Bordkapelle für 18 Uhr verabredet«, erzählt Jan Lüttgens. »Arthur Heymann und mein Versprechen, einen Brief mitzunehmen, hatte ich vollkommen vergessen. Auf dem Weg zum
Fallreep rief jemand meinen Namen, und als ich mich um-
wandte, entdeckte ich Arthur Heymann. Er stand an der Reling und gab mir ein Zeichen. Ich ging zu ihm zurück. Er sah
sich um, seine Hand glitt unter das Jackett, und dann hielt er
mir den Brief hin.

›Stecken Sie schnell weg‹, sagte er.

Ich lachte. ›Um Gottes willen, warum so geheimnisvoll?
Niemand wird etwas dagegen haben, wenn ich Ihrem Vater
ein paar Grüße überbringe.‹ Ich wußte, daß die Passagiere die
Erlaubnis bekommen hatten, Briefe für die Angehörigen und

Verwandten an Land bei der Poststelle abzugeben. Der Umschlag trug keine Anschrift. Auf der Rückseite stand auch kein Absender.

›Die Adresse ist Pension Miami‹, sagte er.

›Soll ich auf Antwort warten?‹

Arthur Heymann schüttelte den Kopf. ›Aber vielleicht wird mein Vater Sie bitten, morgens etwas für mich mitzunehmen.‹

›Pension Miami‹, wiederholte ich. ›Ich gebe Ihnen Bescheid, sobald ich zurückkomme.‹ Ich bahnte mir einen Weg zum Fallreep. Als die Barkasse ablegte, nahm ich das Kuvert aus der Tasche und winkte damit zur Reling hinauf.

Arthur Heymann lehnte noch immer dort, regungslos.«

Die Pension Miami war ein schmales, hohes Haus mit einer grauen Fassade. In der engen Halle war es stickig und heiß. In den Korbstühlen zwischen den Pflanzen in großen, grün gestrichenen Holzkübeln saßen viele Gäste. Sie unterhielten sich leise. Einige sprachen deutsch. Beim Portier fragte Jan Lüttgens nach Dr. Heymann. Der Portier mit dem dunklen, glänzenden Haar blickte mißmutig auf das Schlüsselbrett.

»Ist auf seinem Zimmer«, sagte er in akzentfreiem Deutsch.

»Würden Sie ihn bitte herunterrufen«, sagte Jan.

»Vierter Stock«, der Portier blickte nicht auf. »Nummer 274. Das Zimmer hat kein Telefon.«

Jan ging auf den Lift zu. An dem Scherengitter hing ein Pappschild: »Außer Betrieb.«

274 lag am Ende des Ganges. Es war ein langer, schmaler Korridor, und die vielen gleichförmigen Türen erinnerten an einen Schiffsgang. Über den Türen waren Luftklappen, und man hörte von drinnen Stimmen und Radiomusik. Jan klopfte. Die Tür wurde aufgeschlossen. Der Mann, der ihm ent-

gegentrat, trug einen dunklen Anzug. Die Jalousien waren vorgezogen. Es war halbdunkel im Zimmer. Jan suchte nach dem Brief wie nach einer Legitimation. »Ich bringe einen Brief«, sagte er, »von Ihrer Familie auf der ›St. Louis‹.« Angesichts des Mannes mit den grauen Haaren und dem sorgenvollen Gesicht empfand er nur noch Mitleid. Er wußte nicht, was er erwartet hatte. Aber bestimmt nicht das hier, so einen Raum von drei mal vier Metern, nicht größer als eine Zelle, mit einer heißen, feuchten Treibhausluft. Und auf dem Schrank die abgewetzten Koffer, denen man ansah, daß sie lange unterwegs waren. »Ich kann Ihnen leider nichts anbieten«, sagte Moritz Heymann. Er lächelte entschuldigend. »Sie sind von der Besatzung? Weiß man schon, wann die Passagiere an Land dürfen?«

»Es heißt, sehr bald«, sagte Jan. »Die ›St. Louis‹ sollte eigentlich morgen schon wieder auslaufen. Wollen Sie mir gleich eine Antwort auf den Brief mitgeben?«

Moritz Heymann wies auf den Stuhl vor dem Tisch. Es war der einzige Stuhl im Zimmer. Jan setzte sich. Vor ihm, auf der Holzplatte des Tisches, lag ein handgeschriebener Brief, und dahinter stand ein Bild in einem kleinen ledernen Rahmen. Die Fotografie zeigte die Mutter, Stella und die beiden Kinder.

»Wie sehen sie aus?« fragte Moritz Heymann.

»Gut. Wir hatten die ganze Überfahrt gutes Wetter. Sie sind alle braungebrannt ...«

Moritz Heymann setzte sich auf den Bettrand und riß den Briefumschlag auf. »Von meiner Frau?« sagte er.

»Ich denke, von Ihrem Sohn.«

»Von Arthur?« Er las, und schon nach den ersten Zeilen verfinsterte sich sein Gesicht. Unbeweglich saß er da, mit im Schoß gefalteten Händen. Er sagte nichts, er starrte unverwandt auf das weiße Papier. Als er dann aufsah, lächelte er kläglich; er konnte nicht verhindern, daß das Blatt in seinen Händen zitterte.

»Hat Ihnen mein Sohn gesagt, was er vorhat?«

»Nein, er sagte mir nur, daß Sie mir vielleicht etwas mitgeben werden.« Moritz Heymann richtete sich mühsam auf. Er zerriß den Brief in kleine Fetzen. »Sagen Sie ihm, ich kann nicht – zu so etwas darf ich mich nicht hergeben ... sagen Sie ihm das.«

Jan erhob sich. Sie standen sich einen Augenblick gegenüber. Moritz Heymann ging an den Tisch, nahm den Brief, faltete ihn zusammen und steckte ihn in ein Kuvert. »Wenn Sie das noch für mich tun wollen? Er ist für meine Frau.« Er begleitete Jan zur Tür. »Wenn sie nach mir fragen«, sagte er, »erzählen Sie meiner Frau, daß es mir gutgeht. Zum Ersten habe ich eine kleine Wohnung gemietet, draußen vor der Stadt. Ich habe ihnen einen Plan gezeichnet. Er liegt in dem Brief.« Er reichte Jan die Hand. »Ich werde morgen wieder mit dem Boot hinauskommen. Am Vormittag. Vielleicht kommt meine Familie an Deck. Es ist ein Boot mit einem grünen Sonnensegel.«

Als Jan wieder in die Halle hinunterkam, umringten ihn die Gäste. Anscheinend hatten sie erraten, daß er von der ›St. Louis‹ kam. Sie bestürmten ihn mit Fragen, die er nicht beantworten konnte. Sie schienen alle die gleichen Gesichter zu haben, ratlos und gehetzt. Als er schließlich das Hotel verließ, trug er ein Dutzend Botschaften bei sich. In der beginnenden Dämmerung fuhr er aufs Schiff zurück. Die ersten Sterne zeigten sich am Himmel. Die ›St. Louis‹ lag erleuchtet in der Bucht.

»Arthur wartete auf mich an der gleichen Stelle«, erzählt Jan. »Ich gab ihm den Brief und wiederholte, was sein Vater ihm ausrichten ließ. Er schien mit der Antwort gerechnet zu haben. Die steile Zornesfalte über der Nasenwurzel vertiefte sich. – Ich ahnte, was Arthur vorgehabt hatte und wozu er die Hilfe seines Vaters brauchte. Man brauchte ihn nur anzusehen, um zu wissen, mit welchem Gedanken er spielte; er war der Typ, der ein Schiff, ohne zu zögern, in die Luft gejagt hätte.

›Vielleicht hat er Ihnen auch noch vorgelesen, was ich ihm geschrieben habe‹, sagte er bitter. ›Er ist ein Narr, und er wird ein Narr bleiben. Er ist für das Leiden. Für ihn ist alles eine Strafe Gottes.‹ Ich fragte nicht weiter. Ich wollte nicht wissen, was er vorhatte. Ich sollte es noch früh genug erfahren; und ich glaubte damals immer noch sicher, daß man sie an Land ließ.«

Bei der Hapag-Agentur in Havanna ging am Montagmorgen, 29. Mai, ein Kabel aus Hamburg ein. Die Reederei wies Clasing an:

VERLÄNGERN AUFENTHALT ›ST. LOUIS‹ ÄUSSERST ZWEI TAGE. WIR VERLASSEN UNS DARAUF, DASS IHRE VERHANDLUNGEN ERFOLG HABEN WERDEN.

Der Montag und der Dienstag vergingen, ohne daß eine Entscheidung fiel. Die Boote mit den Angehörigen kamen auch an diesen beiden Tagen; ihre Zurufe klangen nicht mehr so zuversichtlich. Die Nachrichten, die sie zum Schiff hinüberschrien, wiederholten alle in der Stadt kursierenden Gerüchte, und anstatt die Passagiere zu trösten, trugen sie nur dazu bei, daß die Stimmung an Bord immer erregter wurde. Wenn die Boote dann wieder verschwanden, lastete ein düsteres, mißtrauisches Schweigen über dem Schiff. Zwei- oder dreimal am Tag rief Kapitän Schröder das Bordkomitee, das auf fünf Mann erweitert worden war, zu sich und unterrichtete es von den unternommenen Schritten. In den Speisesälen

gaben Anschläge den Passagieren die letzten Nachrichten
bekannt.

Am Morgen des 30. Mai, vierundzwanzig Stunden vor der
neu festgesetzten Abreise, landete die Maschine aus New
York mit dem Anwalt Lawrence Berenson, der im Auftrag
des Nationalkomitees für Flüchtlinge mit dem Präsidenten
Kubas verhandeln sollte. – »Mit der Ankunft einer einflußreichen Persönlichkeit steigt die Hoffnung wieder«, notierte Kapitän Schröder an diesem Morgen in seinem Tagebuch.

Zur gleichen Stunde tagte im Palais des Präsidenten das
Kabinett in einer Sondersitzung. Einziger Beratungspunkt
war, wie die Kanzlei bekanntgab, ›die Überflutung unseres
Landes durch Juden‹. – Die Sitzung hinter verschlossenen
Türen war schnell zu Ende. Es wurde bekanntgegeben, daß
der Präsident bei seinem Entschluß bleibe, niemanden an
Land zu lassen.

Weder Kapitän Schröder noch die Reederei wußten bisher
die Gründe, weshalb man die Passagiere der ›St. Louis‹ nicht
an Land ließ. Sie hörten Gerüchte, Vermutungen und viele
Erklärungen. Aber die Wahrheit schien unentwirrbar. Und
dabei war alles so erschreckend einfach. Es gab nur ein
Motiv, nur einen Grund: Geld. Viele Zeugen – darunter
Señor Adolpho Herrberg, Assistent des Hafenkapitäns, Sender Caplan, Chefredakteur der Zeitung ›Havanna Leben‹
und Carlos J. Sanchez, 1939 unter Colonel Benitez Inspektor der Immigrationsbehörde – haben darüber folgendes aus-
zusagen:

Politik – das hieß in Kuba vor allem Geld. Es hat in Kuba
immer viele Möglichkeiten gegeben, zu Geld zu kommen.
Steuern, Schmuggel, Rauschgift und Glücksspiele – das
waren die Quellen. Seit dem November 1938, seit dem Pogrom in Deutschland, nach dem die Juden um jeden Preis ihr

Land verlassen mußten, gab es eine neue einträgliche Quelle: den Handel mit Einreiseerlaubnissen.

Es war in Kuba üblich, daß einflußreiche Politiker ihren Anhängern besonders einträgliche Posten zuschanzten. Einer dieser Männer, der einen solchen Posten hatte, war der Chef der Immigrationsbehörde, Colonel Manuel Benitez. Ein Sondergesetz gab ihm das Recht, die Einreise nach Kuba zu genehmigen. Er stellte dafür ein sogenanntes ›Permisso‹, ein Landepermit, aus; es kostete 150 Dollar.

Normalerweise gab Kuba für Einreisende – ausgenommen amerikanische Touristen – Visa aus, die für sechs Monate galten und die sehr teuer waren. Die Kubaner verlangten:

150 Dollar für das Visum;

500 Dollar Garantie, die der Einreisende zurückbekam, wenn er innerhalb von sechs Monaten das Land wieder verließ;

2000 Dollar Sicherheit, die vom Touristen hinterlegt werden mußten, um dem Staat auf keinen Fall zur Last zu fallen;

150 Dollar für eine Schiffskarte, damit der Tourist in jedem Fall das Land verlassen konnte.

Insgesamt also 2800 Dollar für ein Visum. Ein Landepermit von Colonel Manuel Benitez dagegen war um ganze 1800 Dollar billiger; es kostete in Europa etwa 1000 Dollar.

Darauf beruhte das ›Geschäft‹ des Colonel Manuel Benitez. Als immer mehr Juden aus Deutschland nach Kuba einzureisen versuchten, richtete er ein besonderes System ein: Benitez bot seine Permits einigen Vertrauensanwälten in Havanna an, die ihrerseits Verbindungsmänner in Europa hatten, und zwar bei den Konsulaten und diplomatischen Vertretungen. Diese kubanischen Verbindungsleute in Europa erhielten Geld von den Juden oder den jüdischen Organisationen. Sie bezahlten 800 bis 1000 Dollar für das Permit. Die

Leute, die das vermittelten, zogen ihre Provision ab und schickten die Namenlisten der Emigranten den Anwälten nach Kuba, zusammen mit dem Rest des Geldes. Bei den Anwälten in Havanna blieben weitere 200 Dollar hängen, ehe sie die Listen an den Colonel Benitez weiterreichten. Benitez unterzeichnete die notwendigen Papiere – das Stück für 100 Dollar.

Auf der ›St. Louis‹ befanden sich neunhundertsechsunddreißig Passagiere. Neunhundertfünfzehn besaßen diese von Colonel Benitez ausgestellten Landepermits. Somit hatte er allein an diesem Schiff fast 100 000 Dollar verdient.

Dieser Handel war Eingeweihten in Havanna durchaus bekannt. Niemand störte sich daran. Aber verständlicherweise gab es viele Neider, die allzugern die gleiche Quelle angezapft hätten. Sie meinten, Benitez solle zumindest mit ihnen teilen. Allen voran Pedro Mendieta, genannt Peterchen, Präsident des Einwanderungsausschusses und Mitglied der gesetzgebenden Versammlung.

›Peterchen‹ schlug Benitez vor, einige seiner Leute in sein Amt aufzunehmen. Benitez lehnte ab. Er fühlte sich stark; der Mann, dem er sein Amt verdankte, war der Chef der Armee, Colonel Fulgencio Batista, der heimliche Diktator Kubas.

Aber auch ›Peterchen‹ hatte seinen Mann im Hintergrund, den derzeitigen Präsidenten des Landes, Laredo Bru. Bru war bereit, es auf einen Machtkampf mit Batista ankommen zu lassen. Er entzog dem Batista-Günstling Colonel Benitez die Vollmacht, Sonderpermits auszustellen. Am 5. Mai wurde ein Dekret veröffentlicht, nach dem jedes von der Immigrationsbehörde ausgestellte Permit in Zukunft der Zustimmung des Ministers für Arbeit und Finanzen bedurfte. Kein Permit war gültig ohne diese Zustimmung und ohne die Hinterlegung eines Depots von 500 Dollar.

Benitez scherte sich nicht darum. Am 9. Mai, vier Tage vor dem Auslaufen der ›St. Louis‹ aus Hamburg, bestätigte er der Reederei, daß seine Permits rechtsgültig seien. Die ›St. Louis‹ fuhr ab.

Noch am 18. Mai – die ›St. Louis‹ war seit fünf Tagen auf See – schrieb Colonel Benitez dem Agenten der Hapag, Luis Clasing, einen Brief, in dem er seine schriftliche Zusage gab, daß die Landepermits Gültigkeit hätten.

Was Colonel Benitez mit diesem Manöver bezweckte? In Clasings Rechenschaftsbericht heißt es darüber:

Für den 19. Mai war im Privathaus von Col. Benitez eine Konferenz anberaumt, um über eine Propaganda zugunsten der jüdischen Einwanderung zu verhandeln. Über das in großen Zügen besprochene Programm soll am 22. Mai im kleinen Kreis Näheres vereinbart werden. Dieser zweiten Zusammenkunft sind wir ferngeblieben, denn wenn auch eine solche Aktion hier durchaus nicht ohne weiteres als erfolglos anzusprechen ist, so ist sie doch für uns als indirekt Beteiligte zu kostspielig.

Mit anderen Worten: Colonel Benitez, der bereits 100 000 Dollar an den Passagieren der ›St. Louis‹ verdient hatte, hoffte, noch mehr herausschlagen zu können.

Aber als das Schiff sich Havanna näherte, wurde es Benitez doch ungemütlich. Am 22. Mai beantragte er einen Urlaub von zwei Monaten. Am Tag darauf hatte er eine Unterredung mit dem Präsidenten Laredo Bru. Nach diesem Gespräch waren überraschenderweise der Präsident und Colonel Benitez ein Herz und eine Seele. Denn was für den kleinen Hafenpolizisten zutraf, galt auch für den Präsidenten: Auch er nahm Geld. Bru hatte Benitez vorgeschlagen:

Wir teilen den Gewinn von den ›St. Louis‹-Passagieren.
Am Abend des 26. Mai – die ›St. Louis‹ war nur noch Stunden von Havanna entfernt – hatte Bru seinen Anteil noch nicht bekommen. Benitez hatte sich nämlich in der Zwischenzeit auch mit seinem Freund Batista ins Benehmen gesetzt. Batista war ein Fuchs. Wahlen standen vor der Tür, Wahlen, in denen er gegen Bru als Präsident kandidieren wollte. Es war unpopulär, Juden ins Land zu lassen. Er wollte sich in dieser Angelegenheit im Hintergrund halten. Aber er riet Benitez: Kein Geld für den Präsidenten Bru. In den Abendstunden des 26. rief der aufgebrachte Präsident den Colonel Benitez an. Der Wortlaut des Telefongespräches ist überliefert. Carlos J. Sanchez, Inspektor der Immigrationsbehörde, wurde Zeuge des Gespräches. Es läßt sich in zwei Sätzen wiedergeben.
Bru: »Wo *bleibt mein Anteil, Benitez?*«
Benitez: »*Ihr Anteil, Herr Präsident? Was für ein Anteil?*«
Präsident Bru hängte ab. Und noch in der gleichen Stunde erhielt die Immigrationsbehörde den Befehl des Präsidenten: Die ›St. Louis‹ wird nicht abgefertigt!
Vier Tage später, am 1. Juni, wurde Colonel Benitez vom Präsidenten seines Amtes enthoben; für ihn nicht allzu schmerzlich. Er schied als Millionär aus dem Amt; er besaß ein Vermögen, das viele auf eine Million Pesos schätzten. Und es sollte sich bald erweisen, daß Batista, der heimliche Diktator im Hintergrund, recht behielt: Bru stürzte bei den nächsten Wahlen nicht zuletzt über die ›St. Louis‹-Affäre. Und sein Nachfolger war ein ehemaliger Sergeant, Colonel Batista.

Draußen in der Bucht lag die ›St. Louis‹ in der trägen Dünung. Im Innern des Schiffes lastete die Hitze. Die Passagiere flohen auf die Decks, aber selbst dort war es unerträglich

heiß. Sie wußten kaum noch, wie sie die endlosen Warte-
stunden verbringen sollten. Eine merkwürdige Stille lag über
dem Schiff. Selbst das Telegrammbüro war nicht mehr bela-
gert. Die ersten Tage hatte der Funker Stunde um Stunde Telegramme aufgegeben. Das hintere Damenzimmer der Touristenklasse, in dem bis jetzt nur einmal in der Woche Got-
tesdienst abgehalten wurde, war immer überfüllt. Hier
versammelten sich meist ältere Passagiere. Sie standen bis zur
Laube hinaus, und das Gemurmel ihrer Gebete war bis auf
die Promenade zu hören.

Die Unruhe wuchs bis zur Unerträglichkeit. Kapitän
Schröder befürchtete das Schlimmste. Es fehlte nur noch der
zündende Funke.

4

»Die ›St. Louis‹ hat den Hafen noch am selben Tag zu verlassen!«

Am Morgen des 30. Mai hatte Kapitän Schröder die ersten Briefe von Land erhalten. Sie unterschieden sich kaum im Wortlaut. Einer dieser Briefe, die erhalten geblieben sind, lautete:

Sehr geehrter Herr Kapitän,
eben erhalte ich von meiner Mutter, Julie Fuld, I. Klasse, Kabine 85, einen äußerst aufgeregten Brief, ich möchte sagen, mit Selbstmordabsichten.
Würden Sie bitte meine Mutter, soweit es in Ihrer Macht steht, bewachen lassen und sie beruhigen.
Mit verbindlichem Dank. Max Fuld aus New York, Havanna, Hotel Lutz, Zimmer 7.

»Ich sprach mit Frau Fuld«, sagte Kapitän Schröder. »Aber womit hätte ich sie beruhigen sollen? Ich rief die Herren vom Bordkomitee zu mir und schlug vor, eine Schiffswache aus Passagieren zu bilden. Wir suchten die Leute aus. Es waren meist junge Männer, insgesamt 36 Mann. Mittags kam ein Vertreter vom Hilfskomitee an Bord. Er versicherte den Enttäuschten, daß trotz aller Schwierigkeiten alles Menschenmögliche getan werde, um ihre Rückkehr nach Deutschland zu verhindern. – Rückkehr nach Deutschland – das Wort hätte nicht fallen dürfen. Niemand hatte es bisher

81

so geradeheraus gesagt. Die Nachricht verbreitete sich in Windeseile ...«

Einer der Männer, die sich sofort zur Schiffswache gemeldet hatten, war Arthur Heymann. Er ging die Mittagswache im D-Deck, dem untersten Deck, wo über 400 Passagiere ihre Kabinen hatten und wo die Hitze am unerträglichsten war. Hier, in der Kabine D 328, Backbord, wohnten vier Personen: Dr. Max Loewe, seine Frau Elise und zwei Kinder, Ruth, 17 und Fritz, 12 Jahre.

Dr. Loewe, ein bekannter Anwalt, stammte aus Breslau. Er war 48 Jahre alt. Er hatte in Havanna Freunde, die ihm weiterhelfen konnten. Er besaß ein Affidavit zur Weiterreise nach den USA. Er war besser dran als die meisten anderen. Frau Loewe hatte gebeten, auf ihren Mann aufzupassen. Sie glaubte aus Äußerungen ihres Mannes zu entnehmen, daß er sich mit Selbstmordgedanken trug. Er hatte seiner Frau gesagt, es gäbe immer noch einen Ausweg, den ihm niemand streitig machen könne ... Um 14 Uhr verließ Dr. Loewe seine Kabine. Er nahm an der Besprechung im Speisesaal teil, bei der von einer möglichen Rückkehr nach Deutschland gesprochen wurde. Um halb drei wurde er von Frau Löwenstein und Frau Ollendorf, zwei Frauen, die ihn noch aus Breslau kannten, auf dem Promenadendeck gesehen.

Um 15 Uhr sah der Klingelboy, Dieter Schenker, einen breiten, kräftigen Mann in den Herrentoiletten neben dem Niedergang verschwinden. Schenker war dabei, Post zu sortieren. Fünf Minuten später bemerkte er, wie der Mann wieder auf den Gang kam. Zuerst fiel ihm nur das bleiche Gesicht auf. Der Mann hielt Hände und Arme gegen die Brust gepreßt. Er ging mit ein wenig taumelnden und unsicheren Schritten auf den Niedergang zu. Dort zögerte er. Dann tastete seine Hand nach einem Halt. Von dem Handgelenk

tropfte Blut. Dr. Loewe hatte sich beide Pulsadern aufge-
schnitten.

Auf dem Achterdeck befand sich um diese Zeit ein Matrose, Heinrich Meier. Er hatte dienstfrei und lag mit nack-
tem Oberkörper in einem Liegestuhl und sonnte sich. Das
Deck lag heiß in der Sonne. Die Fahne am Heck hing schlaff
herunter. Der Matrose hatte die Schritte gehört. Er richtete
sich auf und blinzelte in die Sonne. An Steuerbord stand ein
Mann, genau an der Stelle, wo vor sieben Tagen die Leiche
des alten Weiler dem Meer übergeben worden war und wo
der Aufwäscher Leonid Berg Selbstmord verübt hatte.

Der Mann starrte hinüber zur Stadt, die sich gegen das
harte Blau des Himmels schneeweiß abhob. Vom Hafen war
eine Sirene zu hören. Ein leichtes Motorengeräusch kam von
einem der Motorsegler, die sich durch das leuchtende Meer
bewegten. Die Bucht, die Stadt, das Meer – es war ein Anblick von unvergeßlicher Schönheit, und der Mann dort
schien ganz darin versunken.

Dann sah der Matrose Heinrich Meier, wie der Passagier
über die Reling kletterte und sich fallen ließ. Am Promenadendeck schrie jemand auf. Der Matrose Meier lief zur Reling. Ohne zu zögern sprang er über Bord. Auf das Sire-
nenzeichen ›Mann über Bord‹ waren die Passagiere an die
Steuerbordseite des Schiffes gelaufen; es waren Hunderte, so
daß die ›St. Louis‹ sich leicht zur Seite neigte.

Das Geheul der Schiffssirene hing hell über der sonnenhei-
ßen Bucht, vermischt mit dem Echo, das von den massigen,
düsteren Mauern der Festung Morro Castle abprallte, in
deren Schatten – die ›St. Louis‹ ankerte. Die Passagiere lehnten sich weit über die Reling und starrten gebannt auf den
Mann dort unten; das Wasser um ihn war rot gefärbt von
Blut. Sie sahen, wie der über Bord gesprungene Dr. Loewe
verzweifelt zu sterben versuchte.

Der Matrose Heinrich Meier, der ihm über Bord nachgesprungen war, zerrte sich die Schuhe von den Füßen und schwamm mit kräftigen schnellen Schlägen auf den Mann zu. Der Matrose schwamm hinter ihn und griff ihm unter die Arme, aber Dr. Loewe wollte sich nicht retten lassen, immer wieder riß er sich los.

Der Sirenenton hatte längst aufgehört. Zurufe kamen von Deck. In der Nähe der beiden klatschte ein Rettungsring aufs Wasser.

Dr. Loewe hatte viel Blut verloren, und endlich gelang es dem Matrosen, dem sich nur noch schwach Wehrenden den Rettungsring über den Kopf zu ziehen. Er schleppte ihn zu dem herbeieilenden Polizeiboot.

Männer in grauen Uniformen zogen sie an Deck.

Eine Weile saß Meier da und rang nach Luft, während die Uniformierten sich um Dr. Loewe bemühten. Sie legten ihn auf die Deckplanken, eine zusammengeknüllte Uniformjacke unter seinen Kopf. Er war ohne Bewußtsein. Sein Gesicht war weiß, die Nase schmal, und die nassen Haare hingen ihm in die Stirn. Sie verbanden ihm die Handgelenke, aber durch die breiten weißen Gazestreifen sickerte schon wieder das Blut.

Das Wasser glitt an der Bordwand schnell vorbei; die Barkasse fuhr mit Volldampf dem Hafen zu.

Kurz bevor sie an der Pier anlegte, kam Dr. Loewe einen Augenblick zu sich. Er öffnete die Augen und sah starr hinauf in den bleiernen Himmel. Einige Sekunden lag er so. Die Augenlider fielen zu. Plötzlich riß er sie auf; mit einem verzweifelten Blick starrte er auf die grau Uniformierten; als sei ihm klargeworden, daß er lebe. »Nein«, kam es über seine Lippen, »nein.« Es klang wie eine Beschwörungsformel. Er versuchte, sich aufzurichten. Seine Finger tasteten nach dem durchbluteten Verband an den Handgelenken. Sie mußten ihn mit Gewalt daran hindern, daß er sich die Verbände wieder abriß.

Zwei Mann der Besatzung trugen Dr. Loewe an Land. An der Pier wartete schon ein Krankenwagen. Er war grau wie die Uniformierten. Die Männer hoben ihn auf die Bahre, schoben sie in den Wagen und schlugen die Tür zu. Der Wagen fuhr an. Er verschwand auf der von Palmen gesäumten Straße in Richtung Stadt, eine dünne, weiße Staubwolke hinter sich.

Er, der hatte sterben wollen, war bisher der einzige Passagier der ›St. Louis‹, der an Land gekommen war ...

Im Bericht des Zahlmeisters der ›St. Louis‹ stehen nur fünf Zeilen:

Das Calixto Garcia Hospital berichtet der Agentur, daß Dr. Loewe noch nicht in der Lage sei, Aussagen zu machen. Lebensgefahr bestünde keine mehr. – Die Passagiere sammelten 150 Reichsmark für den mutigen Lebensretter. Sie wurden dem Matrosen Heinrich Meier vom Kapitän überreicht.

Drei Stunden später geschah an Bord der zweite Selbstmordversuch. Diesmal war es ein Passagier der 1. Klasse, ein alleinreisender Arzt aus München. Wieder schreibt der Zahlmeister den Vorfall ganz nüchtern nieder:

Heute abend nach 18 Uhr benachrichtigte der Steward Meierdyrks den Schiffsarzt, daß die Kabine 76 seit drei Stunden von innen verschlossen sei, und er befürchtete, daß dem darin wohnenden Passagier Fritz Herrmann etwas zugestoßen sei. Der Arzt erbrach die Tür und fand den Passagier in tiefer Bewußtlosigkeit mit Krämpfen vor. Durch das rechtzeitige Eingreifen des Arztes konnte der Passagier vor dem Tode gerettet werden.

Auf dem Nachttisch lag eine Spritze, daneben eine Reihe leerer Ampullen. Eine halbe Stunde später, und die Überdosis Insulin wäre tödlich gewesen.

Da Kapitän Schröder weitere Selbstmordversuche befürchtete, bat er den Hafenkapitän um Verstärkung der kubanischen Wachen, die unter dem Kommando des Sergeanten Mavilo bereits an Bord waren. Noch vor Dunkelheit wurden die Wachen auf der ›St. Louis‹ durch 25 Marinepolizisten auf 40 Mann verstärkt. An den Decks wurden große Lampen angebracht. Schnell sank die Dunkelheit über die Bucht. Die Lichter der Stadt leuchteten auf. Sie machten den Passagieren die grausame Trennung von ihren Angehörigen an Land noch deutlicher. Der schmale Streifen Wasser, der sie vom Land trennte, war für sie weiter geworden als die 6200 Meilen, die sie über See gefahren waren.

Kapitän Schröder hatte die Behörden gebeten, die an Bord zurückgebliebene Familie Dr. Loewes, seine Frau Elise und die beiden Kinder Ruth und Fritz, an Land zu lassen. Er hatte bis zur Stunde keine Antwort erhalten.

Die Nacht brachte kaum Abkühlung. Fast niemand schlief. Viele Passagiere verbrachten die Nacht auf den Liegestühlen. Das Licht des Leuchtturmes von Morro Castle rotierte. Andere Schiffe kamen und verließen den Hafen. Das Licht der Lampen erhellte das Deck. Auch die Polizeiboote um die ›St. Louis‹ hatten noch ihre Scheinwerfer auf das Schiff gerichtet. Die kubanischen Posten machten ihre Runden. Sie verhinderten in dieser Nacht zwei weitere Selbstmordversuche; zwei ältere Frauen versuchten, sich ins Wasser zu stürzen.

So begann der 31. Mai, ein Mittwoch, der fünfte Tag der Liegezeit der ›St. Louis‹ in der Bucht von Havanna. Kapitän Schröder hatte Order, an diesem Tag auszulaufen. Er beschwor Luis Clasing noch in der Nacht, die Abfahrtszeit zu verschieben. Clasing telegrafierte nach Hamburg:

KAPITÄN INFORMIERT UNS, DASS ER ANGESICHTS DES VERZWEIFELTEN ZUSTANDES DER PASSAGIERE DIE VERANTWORTUNG FÜR PASSAGIERE UND SCHIFF NICHT ÜBERNEHMEN KANN. EMPFEHLEN DAHER DRINGEND, AUSLAUFEN ZU VERSCHIEBEN.

An diesem Morgen wurden an Bord Unterschriften gesammelt. Auch die Besatzung ging mit den Listen herum. Über fünfzig Kinder und fast dreihundert Frauen unterzeichneten eine Bittschrift an die Gattin des Präsidenten von Kuba. In Havanna organisierte Celia Robowski, die Assistentin des aus New York eingetroffenen Anwaltes Lawrence Berenson, Protestversammlungen und mobilisierte die Presse. Gegen Mittag wurde auf der ›St. Louis‹ bekannt, daß über 2000 Telegramme beim kubanischen Präsidenten Laredo Bru und beim Chef der Armee Fulgencio Batista eingegangen waren, mit der Bitte, die ›St. Louis‹-Passagiere nicht in ein grausames, unbestimmtes Schicksal zurückzustoßen. Telegramme aus der ganzen Welt; darunter Hilferufe der Kardinäle von New York und Chicago. Am Abend traf auch die Antwort der Reederei aus Hamburg ein. Sie wurde sofort an Bord bekanntgegeben. Die Abfahrtszeit war noch einmal verschoben worden. Auf den 2. Juni. Es war, das wußte Schröder, der unwiderruflich letzte Termin. Die Reederei brauchte ihr Schiff, wenn sie die Sonderfahrt von New York aus noch einhalten wollte.

Der nächste Tag, ein Donnerstag, war wie alle Tage zuvor ein herrlicher, sonniger Tag; er brachte die Entscheidung. Ka-

pitän Schröder befand sich auf der Brücke, als die Nachricht
eintraf. Es war eine kurze Nachricht von Luis Clasing. Die
›St. Louis‹ sollte innerhalb weniger Stunden den Hafen verlassen. Noch war es nur ein Gerücht, und Clasing hatte noch
keine Bestätigung bekommen. Er war unterwegs zum Regie-
rungspalast.

Bisher hatte Schröder die ›St. Louis‹ noch nicht verlassen.
Clasing und der Anwalt der Reederei hatten die Verhandlungen geführt. Jetzt entschloß sich Schröder, selber einzugreifen. Er verpflichtete alle zu strengstem Stillschweigen,
zog Zivil an und fuhr an Land.

»Luis Clasing und der Anwalt der Reederei, Dr. José A.
Tamorga, erwarteten mich im Palais, in einem kalten prunk-
vollen Vorzimmer«, hat Schröder erzählt. »Endlich wurden
wir vorgelassen, aber nicht zum Präsidenten. Laredo Bru be-
dauerte. Er sei in einer wichtigen Sitzung. Der Chef der Palastwache, Manuel Estevez Maymir, seine rechte Hand, hörte
uns an. Ich schilderte ihm die Verzweiflung meiner Passagiere. Ich appellierte an sein Mitgefühl. Ich drohte, daß die Reederei die Regierung verklagen werde ...

Er hörte sich alles kühl an, und dann eröffnete er uns,
daß der Präsident eigens ein Dekret erlassen habe, wonach
die ›St. Louis‹ bis zum Abend den Hafen zu verlassen habe.
Es gäbe nichts mehr zu diskutieren. Der Entschluß des Präsidenten sei unabänderlich. Einzelheiten könnten wir mit
dem Chef des Zolls besprechen. Damit waren wir verabschiedet.«

Es war genau 15 Uhr – so notiert es Schröder später –, als
der Chef des Zolls, Miguel Varone, ihnen das offizielle Dekret des Präsidenten aushändigte. Es war ihm sichtlich peinlich. Noch am Tag zuvor hatte Varone ihnen Hoffnung gemacht; alles sei sicher nur ein Irrtum. Das Dekret, das er
ihnen überreichte, war unmißverständlich:

Der Aufenthalt der ›St. Louis‹ im Hafen von Havanna ge-
fährdet die öffentliche Ordnung. Aus diesem Grunde sieht
sich die Regierung gezwungen, außerordentliche Maßnah-
men zu ergreifen. In Ausübung der Befugnisse, die die Ge-
setze mir einräumen, beschließe ich:
Die ›St. Louis‹ hat den Hafen noch am selben Tag zu ver-
lassen. Falls dieser Aufforderung nicht nachgekommen
wird, erhalten die Streitkräfte der Kriegsflotte Befehl, den
Dampfer mit den an Bord befindlichen Passagieren aus den
Hoheitsgewässern der Nation zu bringen. Jede Person des
besagten Schiffes, die illegal von Bord geht, wird festge-
nommen und durch Staatsgewalt auf den Dampfer zu-
rückgebracht.
Erlassen im Präsidentenpalais von Havanna am ersten
Juni neunzehnhundertneununddreißig.
Federico Laredo Bru, Präsident.

»Ich wollte mich zuerst weigern, den Hafen zu verlassen«,
erzählt Schröder. »Aber es war sinnlos. Der Gewalt mußte
ich weichen. Das einzige, was ich erreichte, war eine Verschiebung der Abfahrt auf den nächsten Tag. Die Frist wäre
sonst zu kurz gewesen, um für die Rückreise für neunhundert Menschen Proviant und Trinkwasser an Bord zu nehmen. Es gab jetzt nur noch eine Hoffnung: Lawrence Berenson, den Anwalt aus New York, der im Auftrage des amerikanischen Nationalkomitees für Flüchtlinge nach Havanna
geflogen war, um mit Präsident Bru zu verhandeln. Ich fuhr
sofort zu seinem Hotel, dem Sevilla Biltmore. Er war nicht
da. Auf dem Gang vor seinem Zimmer warteten die Reporter. Ich hinterließ eine Nachricht für ihn, er möge sofort auf
die ›St. Louis‹ kommen.«

Kurz vor fünf Uhr war Schröder wieder im Hafen. An den Kais drängten sich Hunderte von Menschen. Die Nachricht von dem Dekret des Präsidenten war schon in der ganzen Stadt bekannt. Es war ein schwüler Nachmittag. Die Leute standen in Gruppen zusammen und redeten erregt aufeinander ein. Andere blickten zum Schiff hinüber. Die Masten der ›St. Louis‹ mit den zwei großen Schornsteinen hoben sich deutlich ab. Schröder bahnte sich einen Weg durch die Menge und gelangte unerkannt in seine Teakholzbarkasse mit der weißen Flagge mit dem Anker und dem Zeichen der Hapag. Die Bucht war voller Boote, aber die Polizeibarkassen rund um die ›St. Louis‹ trieben sie unerbittlich zurück. Die auf den Booten hatten Megaphone und schrien ihren Angehörigen auf dem Schiff Nachrichten zu. Die Teakholzbarkasse umfuhr die ›St. Louis‹ in einem weiten Kreis. Das Schiff lag tief im Wasser. Die runden Fenster der Bullaugen waren quergestellt, um den Wind in die stickigen Kabinen zu lassen. Die Barkasse machte an dem Stahlfallreep fest, das an der Seite des Schiffes herunterhing, und Kapitän Schröder kletterte die Leiter hoch. Auf dem Fallreeppult standen kubanische Marinesoldaten mit geschultertem Gewehr Posten.

Die Schiffswache und der Erste Offizier, Erwin Frisch, erwarteten den Kapitän. Erwin Frisch war mittelgroß, ein junger Offizier, mit blondem Haar und einem offenen, fröhlichen Gesicht.

»Es stimmt also, was man erzählt, Kapitän?« fragte der Erste Offizier.

Schröder nickte: »Wir laufen morgen aus. Wir nehmen nur noch Proviant an Bord.«

Der Erste Offizier sah ihn erstaunt an. »Sie wollen mit dem Schiff an die Pier, Kapitän?«

»Nein. Wir werden hier draußen bleiben. – Was ist los? Ist etwas Besonderes vorgefallen?«

Der Offizier sah die Posten an. Die Kubaner machten betont gleichgültige Gesichter. »Passagiere haben versucht, das Fallreep zu stürmen«, berichtete der Erste Offizier. »Es war nicht organisiert. Es war einfach Verzweiflung. Sie drängten sich alle hier zusammen. Sie stießen und schubsten, und dabei passierte es ...« Wieder sah er die Posten an. »Ich glaube, sie kriegten Angst und schlugen zu.«

»Gab es Verletzte?« fragte Schröder alarmiert.

»Zwei Frauen. Eine ziemlich schwer. Wir haben sie ins Hospital bringen müssen. Dr. Glauner kümmert sich um sie. Ich habe noch keine Nachricht, wie es ihr geht. – Einer muß jetzt die Passagiere beruhigen. Ihre Stimmung ist auf dem Siedepunkt.«

»Sonst noch etwas?«

»Die Männer vom Bordkomitee möchten Sie sprechen, Kapitän.«

»Gut. In einer halben Stunde. Vorher möchte ich die Chargen sprechen. Trommeln Sie die Leute zusammen.«

Er sah auf die Uhr. »In zwanzig Minuten – und noch eines: Die Besatzung muß sofort an Bord. Melden Sie mir, wenn sie vollständig da ist.«

Auf dem Weg zur Brücke fing der Telegrafist den Kapitän ab. Er hatte eine Nachricht für ihn. Von der Immigrationsbehörde. Das Gesuch, die Frau und die Kinder Dr. Loewes an Land zu lassen, war abgelehnt worden. Und aus dem Hospital war angerufen worden, daß Dr. Loewe dort einen zweiten Selbstmordversuch unternommen habe. Er war mit dem Kopf in den Spiegel gerannt.

Von seinem Wohnsalon aus rief Schröder den Schiffsarzt an, um sich nach den Verletzten zu erkundigen. Einer Frau ging es besser. Sie hatte starke Prellungen, war aber bereits wieder entlassen worden. Aber die andere, eine Frau Clara

Franke, war bewußtlos ins Hospital gebracht worden. Sie war schwanger. Innere Verletzungen waren nicht festzustellen. Vier Monate später sollte die Frau ein Kind zur Welt bringen, das nicht normal war und nach wenigen Wochen starb. Nach dem Anruf zog Kapitän Schröder sich um und wartete auf seine Offiziere.

Der Mann, dem das Schicksal neunhundert Menschen anvertraut hatte, war zeit seines Lebens ein Außenseiter gewesen. Das Leben hatte Kapitän Schröder viele Nackenschläge versetzt, und es hatte ihn Ausdauer, Geduld und Toleranz gelehrt. 1902 beginnt der damals Sechzehnjährige seine Seemannslaufbahn auf dem Schulschiff ›Großherzogin Elisabeth‹. 24 Jahre später wird er Kapitän; immer wieder abgewiesen und immer wieder ohne Stellung: Er ist zu klein, zu schmächtig, niemand traut ihm etwas zu.

Ein Jahr fährt er als Leichtmatrose auf der ›Deutschland‹; seinerzeit das schnellste Schiff der Welt. Es besitzt das ›Blaue Band‹, und es ist der Stolz der Hamburg-Amerika-Linie, jener Reederei, die ein Mann namens Albert Ballin zur größten der Welt gemacht hat; ein Mann, den seine Feinde den ›Wasserjuden‹ nennen.

Dann fährt Schröder auf Segelschiffen. Kohlen nach Südamerika; Salpeter um das Kap Hoorn; Stückgut nach Australien. 1913 gelingt es ihm, bei einer kleinen ausländischen Reederei in Hongkong als Zweiter Offizier unterzukommen. Bei Ausbruch des Ersten Weltkrieges ist er in Kalkutta. Er wird interniert. Die Gefangenschaft dauert sechs Jahre. Damals beginnt er, Sprachen zu lernen. Er beherrscht bald sieben Sprachen perfekt. Er übersetzt den Horaz aus dem Lateinischen.

1919 ist er wieder in Deutschland. Aber es gibt keine Schiffe für ihn. 1921 wird Schröder wieder bei der Hapag eingestellt. Er fährt auf alten Frachtschiffen. Vierzehn lange Jahre. Fünfunddreißig Fahrten. Von Leningrad bis Montevideo, von New York bis Sydney kennt er fast alle Häfen der Welt, auch Havanna. 1935 wird er Erster Offizier auf der ›Hansa‹. Die ›Hansa‹ ist der erste große Neubau der Hamburg-Amerika-Linie nach dem Ersten Weltkrieg. Als das Schiff 1921 in Dienst gestellt wird, tauft man es auf den Namen ›Albert Ballin‹. 1935 wird der Name stillschweigend übermalt. Im August 1936 erhält Schröder den vierten Ärmelstreifen; er ist – mit fünfzig Jahren – Kapitän. Er übernimmt das Motorschiff ›Ozeana‹. Er macht über fünfzig KdF-Fahrten und zeitweise Urlaubsvertretung auf den zwischen Hamburg und New York verkehrenden Schiffen der Hapag. Eines dieser Schiffe ist die ›St. Louis‹.

Für Kapitän Schröder ist es selbstverständlich, alles zu tun, was die Reederei verlangt. Ihr Wort ist für ihn Gesetz. Aber die Stunde ist nicht fern, da er vor der Entscheidung stehen wird, gegen dieses Gesetz zu handeln.

Um halb sechs versammelten sich die Offiziere, der Obersteward und die Ingenieure im Wohnsalon des Kapitäns der ›St. Louis‹. Schröder ließ sich seine Stimmung nicht anmerken. Er unterrichtete sie vom Dekret des Präsidenten und gab bekannt, daß sie morgen, Freitag, den Hafen verlassen würden. Wie damals in Hamburg, am Tag vor der Abfahrt, hatte er ihnen auch jetzt nur wenig zu sagen: »Ich will Ihnen nichts vormachen. Es wird keine leichte Reise sein, aber denken Sie immer daran, daß es für unsere Passagiere am schwersten ist. Es muß alles getan werden, sie zu beruhigen. Achten Sie ständig darauf, daß jedem der Passagiere in ruhiger und höflicher Form begegnet wird. Sie sind auch auf der Rückreise unsere Gäste. Ich bitte Sie, jedes Besatzungsmitglied in diesem Sinne zu informieren.«

Die Männer standen noch eine Weile da, und niemand machte Anstalten zu gehen. »Das ist alles«, sagte Schröder etwas ungeduldig. »Die Passagiere werden uns fragen«, sagte der Erste Offizier. »Sie werden wissen wollen, wohin wir fahren.« Einen Augenblick zögerte Schröder mit der Antwort. »Weisen Sie auf die ausgehängten Bekanntmachungen hin«, sagte er.

Anschließend empfing der Kapitän die fünf Passagiere vom Bordkomitee. Auch ihnen konnte er nur die unerbittliche Order des Präsidenten bekanntgeben.

Dann kam Lawrence Berenson, der Anwalt aus New York.

Berenson, ein Mann von fünfzig Jahren, breitschultrig und schwer, mit tiefdunklen Haaren, einem vollen, ernsten Gesicht und dunklen, müden Augen, brachte die erste gute Nachricht seit Tagen:

Der Präsident Kubas, Laredo Bru, hatte ihn empfangen. Es war nur ein kurzes Gespräch. Aber Bru hatte ihm versichert, er sei bereit, zusammen mit ihm, Berenson, einen Ausweg zu suchen. Er sei zu diesen Verhandlungen aber erst bereit, wenn die ›St. Louis‹ den Hafen verlassen habe und sich außerhalb der Hoheitsgewässer befinde. Er verhandele nicht unter der Drohung von Selbstmordversuchen.

Die schnelle Abfahrt der ›St. Louis‹ lag daher nur im Interesse der Passagiere. Außerdem, so berichtete Berenson weiter, waren die beiden anderen Emigrantenschiffe, die englische ›Orduna‹ und die französische ›Flandre‹, auf dem Rückweg nach Havanna. Sie hatten die an Bord befindlichen Juden in Mittelamerika nicht landen können, und ihre Ankunft würde die Situation nur verschlechtern. Berenson war zuversichtlich. Er trat dem Präsidenten keineswegs mit leeren Händen entgegen. Als Beauftragter des reichen amerikanischen Hilfswerkes hatte er bei den Verhandlungen etwas zu bieten:

Er hatte die Befugnis, für jeden Passagier der ›St. Louis‹ eine Garantiesumme von 500 Dollar zu zahlen, falls man diese an Land lasse. Insgesamt also 450 000 Dollar. Nachher entwarfen die sechs Männer gemeinsam eine Bekanntmachung für die Passagiere. Sie lautete:

Die kubanische Regierung zwingt uns, den Hafen zu verlassen. Sie hat uns erlaubt, noch bis morgen bei Tage hierzubleiben, und es wird die Abfahrt hiermit auf
10 Uhr Freitag morgen
festgesetzt. Mit der Abfahrt sind die Verhandlungen keineswegs abgebrochen. Erst die Abfahrt des Schiffes ist Vorbedingung für das Eingreifen des Herrn Berenson und seiner Mitarbeiter.

Ein Läufer brachte die Bekanntmachung in die Borddruckerei zur Vervielfältigung. Die Stewards waren noch dabei, sie auszuhängen, als die Bordlautsprecher die Passagiere in den großen Speisesaal riefen. Berenson wollte zu ihnen sprechen.

Die Passagiere drängten sich vor den Anschlägen. Betroffen lasen sie das Schreiben des Kapitäns. Dann machten sie sich auf den Weg zum Speisesaal. Die Fahrstühle waren überfüllt. Hunderte strömten aus den unteren Decks nach oben, darunter viele Besatzungsmitglieder.

Jan Lüttgens, der Klarinettist der Bordkapelle, empfindet diese Versammlung im Speisesaal heute noch als unsagbar peinlich und beschämend.

Er erzählt: »Wir standen dichtgedrängt im Saal, nahezu alle Passagiere bis auf die Kinder und dazwischen ein paar Mann von der Besatzung. Vor fünf Tagen hatten diese Menschen im gleichen Saal auf ihre Abfertigung durch die kubanischen Zollbeamten gewartet; die Koffer gepackt, die Pässe und die kubanischen Landebescheinigungen aufgeschlagen in den Händen. Heute waren sie hier um zu erfahren, daß sie die letzten Schritte in die Freiheit nicht tun durften, daß man sie hier nicht haben wollte, daß man nur ein Geschäft mit ihnen gemacht hatte. Jetzt standen sie dort und schienen beieinander Schutz zu suchen. Alte Männer, Greise, mit traurigen bewegten Gesichtern, junge, in deren Gesichtern Empörung und Trotz standen, geduldige Frauen, mit großen erschreckten Augen, ihre Kinder auf dem Arm.

Man konnte kaum atmen im Saal. Die Ventilatoren pumpten die heiße Luft von draußen in das Innere des Schiffes, die Temperatur im Saal war fast vierzig Grad ... Plötzlich verstummte das unterdrückte Stimmengemurmel. Der Kapitän, Berenson und die Mitglieder des Bordkomitees hatten den Saal betreten.

Zuerst sprach Kapitän Schröder. Er berichtete von dem Dekret des kubanischen Präsidenten. Er hatte sich auf eine Treppenstufe gestellt, um höher zu sein als die anderen, und war trotzdem nicht größer. Dann sprach Lawrence Berenson, der Rechtsanwalt und Vertreter des Komitees aus New York. Er berichtete von den Verhandlungen mit dem Präsidenten Bru. Berenson beschwor die Passagiere mit eindringlichen Worten, Ruhe zu bewahren. Er war ein Mann, der Vertrauen einflößte und Zuversicht ausstrahlte. Und seine Zuhörer waren nur zu gern bereit, sich beruhigen zu lassen. Sie klammerten sich an jeden Strohhalm, sie nahmen jedes vage Versprechen als bare Münze.

Aber dann bekamen sie etwas zu hören, was wie bösester Hohn und Spott klang. Es war Berenson anzusehen, daß er sich zwingen mußte, diese Infamie auszusprechen. Er sagte mit leiser, kaum verständlicher Stimme:

›Sie wissen ja, daß dieses Schiff morgen früh auslaufen muß. Mit Ihnen. Sie dürfen nicht an Land, es sei denn‹, er unterbrach sich und wischte sich umständlich den Schweiß von der Stirn, ›es sei denn, Sie tun, was der Präsident dieses Landes von Ihnen verlangt.‹

Es war Totenstille im Saal. Jeder spürte, daß jetzt etwas Außergewöhnliches kommen mußte. Sie starrten sich gegenseitig an, Verwirrung auf den Gesichtern. Und dann sagte Berenson:

›Der Präsident ist nämlich bereit, alle Christen an Land zu lassen – ob mit oder ohne Landeerlaubnis! Man wird Sie nicht genau kontrollieren. Der Präsident wünscht nur, daß Sie sich ein Kreuz sichtbar an den Ärmel oder an den Rockaufschlag aufnähen und sich dadurch als Christen kennzeichnen ... Das ist alles.‹

Und nach einem erleichterten Aufatmen: ›Sie müssen schon entschuldigen, es war meine Pflicht, Sie von dieser Möglichkeit zu unterrichten. Jetzt kann jeder für sich entscheiden, was er tun und was er lassen will.‹«

Es klang wie eine Verhöhnung, die letzte Verhöhnung von Menschen, die darin eine lange, bittere Erfahrung hatten. – Aber Lawrence Berenson hat jedes Wort bestätigt. Als er es tut, hat er Tränen in den Augen; der Anwalt ist nun 22 Jahre älter, aber immer noch geht es ihm sehr nahe.

»Die Menschen in dem Saal blieben auch jetzt noch ganz still«, berichtet Jan Lüttgens weiter. »Keine empörten Zurufe wurden laut. Keine Diskussionen schlossen sich an diese Eröffnung Berensons an, die Versammlung löste sich nur ganz leise auf. Es waren immer weniger Menschen, die um mich herumstanden. In kleinen Gruppen verließen sie den Saal.

Ich sah Stella und Arthur Heymann die Treppe zum Promenadendeck hinaufgehen und schloß mich ihnen wie zufällig an. Wir gingen oben auf dem Promenadendeck an den Liegestühlen vorbei, wo noch aufgeschlagene Bücher

und Zeitschriften herumlagen und zusammengeknüllte Dek-
ken.

Arthur Heymann mußte zum Bordkomitee, und so blieb
ich für ein paar Minuten mit Stella allein. Ich hatte sie bis jetzt
immer nur in dem alten, verschossenen Trainingsanzug gesehen. Heute trug sie zum ersten Mal ein helles, geblümtes
Kleid.

Am Ende des Decks brachte ich es endlich über mich zu
sagen: ›Warum, in drei Teufels Namen, tun Sie nicht, was dieser verlangt?! Hauptsache, Sie können an Land.‹

Sie ging unbeirrt weiter und antwortete nicht. Es war ihr
nicht anzumerken, was in ihr vorging. Sie mußte lange gebraucht haben, um ihre Gefühle so zu beherrschen.

›Tun Sie es doch wenigstens für Ihren Vater‹, fuhr ich fort.
›Sie wissen, daß ich bei Ihrem Vater war. Ihr Bruder hatte mir
einen Brief mitgegeben. Ich war bei ihm in der Pension. Es
stimmt nicht, wenn er Ihnen schreibt, es gehe ihm so sehr
gut. Es geht ihm hundsmiserabel. Wer weiß, was geschehen
wird, wenn er allein zurückbleibt.‹

›Nichts wird geschehen‹, sagte Stella fest. ›Er wird es
überleben.‹

›Sind Sie so sicher? Herrgott, es kann doch nicht so
schlimm sein, für ein paar Stunden so ein Kreuz am Ärmel zu
tragen …‹ Jetzt sah sie mich an, mit ihren unerschrockenen
Augen. Sie lächelte. Nicht die leiseste Spur Bitterkeit war in
ihrem Lächeln. Sie ging auf die Treppe zu, die vom Promenadendeck zum Zwischendeck hinabführt. Erst als sie ein
paar Stufen zwischen uns gebracht hatte, drehte sie sich noch
einmal um. ›Entschuldigen Sie, bitte. Ich muß mich jetzt um
meine kleinen Schwestern kümmern.‹

Am Abend erfuhr ich, daß sich von den über neunhundert
Passagieren der ›St. Louis‹ nur vier gemeldet hatten, die als
Christen das Schiff verlassen wollten.«

Noch an diesem Nachmittag erhielt Kapitän Schröder von der Reederei in Hamburg telegrafisch die Anweisung, mit der ›St. Louis‹ nach Deutschland zurückzukehren. Lawrence Berenson, der Unterhändler aus New York, befand sich noch an Bord, als das Telegramm ankam. Kapitän Schröder ließ ihn durch einen Läufer zu sich bitten und überreichte ihm das Telegramm.

»Was werden Sie jetzt tun?« fragte Berenson endlich. »Ich beschwöre Sie, Kapitän, bleiben Sie in der Nähe Kubas. Ich werde mit diesen Kubanern sicher noch zu einer Einigung kommen.«

Kapitän Schröder winkte müde ab. Er zuckte resigniert die Achseln. »So sicher wäre ich an Ihrer Stelle nicht. Sie haben auch nicht mehr viel Zeit zum Verhandeln.«

»Ich war nicht sicher, ob es ein Versprechen war«, erzählt Berenson. »Ich beschwor den Kapitän der ›St. Louis‹ noch einmal, in der Nähe zu bleiben.

Schröder war sehr bewegt, als er mir sagte: ›Ich bin jetzt fast zwanzig Jahre bei der Hamburg-Amerika-Linie. Ich habe immer meine Anweisungen befolgt … Die Order lautet, mit der ›St. Louis‹ und den Passagieren nach Deutschland zurückzukehren … Aber ich verspreche Ihnen – ich warte. Ich warte draußen außerhalb der Dreimeilen-Zone, solange es irgendwie geht.«

Dieses Gespräch, so wie es hier niedergeschrieben ist, hat Lawrence Berenson in New York wiedergegeben.

Bis abends um zehn Uhr legten die letzten Barkassen, die den Proviant gebracht hatten, ab. Ein Boot nach dem anderen fuhr von der ›St. Louis‹ weg zu den Kais, und der Tender, von dem das Schiff Trinkwasser übernommen hatte, machte seine Schläuche zu. Die vierzig Mann der kubanischen Wachen gingen ihre Patrouillen. Sergeant Mavilo, der Leiter des Bordkommandos, hatte scharfe Munition ausgegeben.

Die Sonne sank hinter die Stadt, mit einem letzten Fächer von Strahlen. Der Leuchtturm von Morro Castle begann, mit seinem Licht die Bucht abzustreifen. Wieder tauchten die großen Decklampen und die Scheinwerfer der um das Schiff postierten Polizeibarkassen die ›St. Louis‹ in ihr grelles Licht. Sechs Tage hatte die ›St. Louis‹ in der Bucht von Havanna gelegen; sechs Tage und fünf Nächte. Aber die Stadt dort drüben schien das Schicksal der Neunhundert an Bord des Schiffes nicht zu berühren.

Kapitän Schröder war nicht zum Abendessen in der Messe erschienen. Später machte er noch einen Rundgang durch das Schiff. Sobald die Passagiere ihn erkannten, umringten sie ihn. Vor allem die Frauen. Ihre Fragen waren immer die gleichen:

»Kapitän, wohin fahren Sie uns?«

»Zum ersten Mal in meinem Leben«, sagte Schröder, »konnte ich diese Frage nicht beantworten.«

Mit der Morgendämmerung kamen die Boote mit den Angehörigen. Ruderboote, Segelboote, Motorboote in großer Zahl schaukelten in der Bucht und näherten sich dem unglückseligen Schiff. Die Polizeibarkassen hatten Befehl, sie passieren zu lassen. Der ›St. Louis‹-Passagier Eugen Cohn – er hatte in Stuttgart ein kleines Schuhgeschäft und lebt heute in Israel – berichtet darüber:

»Wenn ich an jenen Morgen denke, sehe ich immer einen alten Mann in einem wollenen schwarzen Mantel vor mir. Sein Sohn und sein Enkelkind befanden sich auf einem Boot, das bis an die Bordwand der ›St. Louis‹ herangekommen war, und redeten ihm gut zu, während dem Alten Tränen in den Augen standen. Mir schien, als versinnbildlichte sich die ganze Tragödie der ›St. Louis‹ in diesem einen Alten.

Der Alte streckte die Arme aus, um das Kind, das er nie zuvor gesehen hatte, einmal zu berühren, und er murmelte ein Gebet, daß es ihm vergönnt sei. Er beugte sich durch das Bullauge seiner Kabine weit heraus, aber der Abstand war viel zu groß. Da rannte der alte Mann ein Deck tiefer zu einer Kabine, die näher am Wasserspiegel lag, und versuchte es dort noch einmal. Es fehlte immer noch ein Stück. Erst als er sich so weit herausbeugte, daß ihn andere in der Kabine an den Füßen festhalten mußten, gelang es ihm endlich. Für eine Sekunde berührte er die Fingerspitzen des kleinen Jungen, der von seinem Vater hochgehoben wurde ... Ich sah die zitternden Hände des Greises, die sich streckten, griffen, und nach der Hand des Kindes tasteten ...

Ich erinnere mich, daß ich weinte. Ich weinte, ohne es zu merken. Die Tränen liefen mir einfach herunter.«

Kurz nach neun Uhr vertrieben die Polizeibarkassen alle Boote. Nur ein Postboot beförderte noch Briefe und Päckchen zwischen den Passagieren und den Angehörigen an Land. Auf dem Sportdeck stand der Postmeister der ›St. Louis‹ und rief die Namen aus. Vor seinen Füßen lagen vier dicke Postsäcke.

Um zehn Uhr, der eigentlichen Abfahrtszeit des Schiffes, kam noch einmal eine Barkasse längsseits. Sechs Passagiere gingen von Bord. Sie hatten nur ein Permit wie alle anderen – aber der kubanische Präsident ließ sie an Land, so wie es Berenson gesagt hatte.

Die anderen standen schweigend an der Reling und sahen zu, wie die sechs mit ihrem Handgepäck das Fallreep herunterkletterten und in die Barkasse sprangen.

Insgesamt 29 Passagiere hatten in Havanna das Schiff verlassen. Der über Bord gesprungene Dr. Loewe befand sich noch immer im Hospital. Jetzt befanden sich noch 907 an Bord.

Um 10.30 Uhr kamen noch zwei Männer des ›Hilfsvereins‹ – Herr Goldschmidt und Oskar Gurfinkel – auf das Schiff. Wieder wurden die Passagiere in den Speisesaal gerufen, aber diesmal kamen längst nicht alle. Die Abgesandten versicherten noch einmal, daß die ›St. Louis‹ in keinem Fall nach Hamburg zurückkehren werde. Wenn die Bemühungen um eine Landung in Havanna fehlschlagen würden, so erlaubte die Regierung der Vereinigten Staaten eine Landung in New York. Sie sagten es, um weiteren Selbstmordversuchen bei der Ausfahrt vorzubeugen; und mit dieser beruhigenden, aber falschen Gewißheit gingen die Passagiere an Deck.

Kapitän Schröder stand seit acht Uhr auf der Brücke. Mit der letzten Post war ein Telegramm für ihn gekommen:

SÄMTLICHE ANGEHÖRIGE DER PASSAGIERE IHRES SCHIFFES DANKEN IHNEN UND DER MANNSCHAFT FÜR DEN BEWEIS IHRER MENSCHLICHEN GESINNUNG.

Kurz nach elf Uhr gingen die kubanischen Wachen und Beamten von Bord. Im Boot des Oberlotsen Señor Guillermo Louis kehrten sie an Land zurück. In der Zollbarkasse folgten die Beamten.

Zur gleichen Zeit fuhren vom Kai de Luz 26 Barkassen und die grauen Schnellboote der Kriegsmarine unter dem Kommando von Leutnant Raureil zur ›St. Louis‹, die den Auftrag hatten, die ›St. Louis‹ aus dem Hafen zu eskortieren. An Bord der Schnellboote befanden sich der Hafenkapitän, der Chef der Polizei und der stellvertretende Chef des Marinedistrikts Nord.

Rasselnd ging der Anker der ›St. Louis‹ hoch. Langsam setzte sich das Schiff in Bewegung. Barkassen und Schnellboote der Kriegsmarine umkreisten das Schiff. Die Kommandanten hatten Befehl, jeden, der über Bord sprang, auf die ›St. Louis‹ zurückzubefördern. Diesmal spielte keine Bordkapelle an Achterdeck, aber die anderen Schiffe im Hafen schickten der ›St. Louis‹ das Geheul ihrer Sirenen nach.

»So liefen wir am Freitag früh von Havanna aus«, schreibt der Anwalt Dr. Joseph. »Rechter Hand lagen die herrlichen Gärten mit blühenden Bäumen und exotischen Pflanzen, linker Hand lag die Stadt mit der verschwenderischen Pracht einer südländischen Großstadt.

Eine dichte Menschenmenge umsäumte das Ufer, schreiend, gestikulierend; und Hunderte von Autos, Wagen hinter Wagen in doppelter Reihe, begleiteten unser Schiff auf der breiten Strandallee, soweit es die Wege gestatteten.

Auf dem Wasser hielt sich dicht an der Seite der ›St. Louis‹ ein Motorboot, in dem die Männer vom Komitee uns unaufhörlich Worte des Abschieds, des Trostes und des Wiedersehens zuriefen.

Wie viele heiße und tiefempfundene Gebete mögen zum Himmel emporgestiegen sein.

An der Dreimeilengrenze verließen uns die Kriegsschiffe und kehrten nach Havanna zurück. Unser Schiff aber, die ›St. Louis‹, fuhr weiter, weiter hinaus auf die offene See, ziellos mit seinen Menschen. Mittag war vorbei, das Leben an Bord nahm schleppend seinen Fortgang.«

»Bald werden wir auf der Höhe von Miami Beach sein ...«

Bru! Bru! Bru!« rief die aufgebrachte Menge in Sprechchören. Fast zweitausend Menschen standen drohend auf dem weiten Platz vor dem Präsidentenpalais. Die Palastwache, mit aufgepflanzten Bajonetten, bewachte in Dreierreihen die Eingänge. Immer wieder schrie die Menge: »Bru! Erpresser!« Aber der kubanische Präsident hatte es vorgezogen, die Stadt zu verlassen. Er war am Morgen, noch vor der Abfahrt der ›St. Louis‹, auf seinen Landsitz hinausgefahren. Dort gab er am Mittag der Presse eine Erklärung ab:

Mein tiefstes Mitgefühl gilt den Passagieren der ›St. Louis‹, aber die Souveränität und die Gesetze des Landes können nicht verhöhnt werden.

Im Hotel wurde zur gleichen Zeit der Agent der Hapag, Luis Clasing, von den Zeitungskorrespondenten bestürmt. Er gab bekannt:

Die ›St. Louis‹ befindet sich auf der Rückreise nach Deutschland. Natürlich kann das Schiff noch umkehren und vorher Havanna oder irgendeinen Hafen anlaufen. Genaues ist mir nicht bekannt, und der Kapitän des Schiffes hat von der Reederei Order, Kurs Hamburg zu fahren.

Gegen 15 Uhr landete die Verkehrsmaschine der Pan American aus New York. Der Flugzeugführer hatte etwa 15 Meilen von Havanna ein Schiff beobachtet, das mit gestoppten Maschinen still dalag. Am Spätnachmittag stieg ein Fotograf der ›Miami Herald‹ mit einer Sportmaschine auf. Die ›St. Louis‹ kreuzte noch immer vor der kubanischen Küste, außerhalb der Dreimeilenzone.

Die in Havanna zurückgebliebenen Angehörigen waren wieder von früh bis spät unterwegs, um etwas über das Schicksal des Schiffes zu erfahren.

»Wir hörten immer dasselbe«, erzählt Moritz Heymann. »Berenson, der Anwalt aus New York, sagte, die Verhandlungen gingen befriedigend weiter. Zeitungen berichteten in den nächsten Tagen, die ›St. Louis‹ kreuze vor der Küste Floridas. Die Schiffsagentur dementierte: Die ›St. Louis‹ sei auf dem Weg nach Hamburg ...«

Moritz Heymann fühlte sich in Havanna wieder völlig verloren. Mit seiner Frau und seinen Kindern auf der ›St. Louis‹ konnte er wieder nur noch Telegramme wechseln. Morgens, wenn das Telegrafenbüro geöffnet wurde, war er unter den ersten. Er sandte dringende Kabel für sein letztes Geld. Es waren immer die gleichen Worte, die er schrieb; hilflose Sätze, in denen er ihnen Mut zusprach und Hoffnungen erweckte, an die er selbst nicht mehr glaubte.

Die ›St. Louis‹ trieb langsam durch die Nacht. Leuchtfeuer zeigten die Nähe der amerikanischen Küste an. Im holzgetäfelten Wohnsalon des Kapitäns saßen die fünf Passagiere vom Bordkomitee. Es war kurz nach 23 Uhr am zweiten Tag der Abfahrt aus Havanna.

»Es war für uns nichts Besonderes mehr, daß Kapitän Schröder uns zu sich rief «, erinnert sich der Anwalt Dr. Leopold Weiß aus Wien. »Was wir aber diesmal zu besprechen hatten, war ein richtiges Abenteuer. Schröder wollte versuchen, mit Rettungsbooten Passagiere an der Küste Floridas abzusetzen, natürlich nur Freiwillige. Fast dreihundert waren dazu bereit. Schröder hatte uns schon am ersten Tag gebeten, die Passagiere auf so etwas vorzubereiten. Noch in dieser Nacht wollte er den Plan ausführen. ›Wir haben zwei Stunden Zeit‹, sagte er. ›Dann werden wir auf der Höhe von Miami Beach sein. Hoffentlich wissen die Leute, daß sie nur das Notwendigste mitnehmen können. Jeder nicht mehr als einen kleinen Koffer.‹

›Auf einem sinkenden Schiff legt man auf Koffer keinen großen Wert mehr‹, sagte ich. ›Sie wollen die illegale Landung versuchen?‹

Schröder sah uns der Reihe nach an. ›Warum nicht? Wir müssen alles versuchen. Mal sehen, wie die Amerikaner darauf reagieren. Es könnte sein, daß wir schon bald keine Gelegenheit mehr haben, so etwas zu versuchen.‹

Der Kapitän gab uns noch die letzten Instruktionen und bat, dafür zu sorgen, daß durch diese Aktion die übrigen Passagiere nicht beunruhigt würden. ›Sorgen Sie bitte dafür, daß die Dreihundert unter Deck bleiben.‹«

Aus Telegrammen, die an diesem Tag eingegangen waren, läßt sich herauslesen, warum Schröder dieses Abenteuer wagte:

3. Juni, 9 Uhr: Hamburg kabelt an die ›St. Louis‹:

SEHEN KEINE MÖGLICHKEIT PASSAGIERE ANDERSWO ZU LANDEN STOP KEHREN SIE SOFORT HAMBURG ZURÜCK BESTÄTIGEN SIE ORDER.

3. Juni, 11.15 Uhr: New Yorker Hapagbüro an ›St. Louis‹:

SIE HABEN INSTRUKTIONEN NACH HAMBURG ZURÜCKZU-
KEHREN STOP HAVANNA NOCH HOFFNUNGSVOLL STOP
WENN BIS MITTAG KEINE ENTSCHEIDUNG FÄLLT MUSS DAS
SCHIFF NACH HAMBURG FAHREN.

3. Juni, 17 Uhr: Jüdisches Komitee an ›St. Louis‹:

WIR SIND AN DER ARBEIT ABER NICHT IN DER LAGE WEITE-
RE DETAILS ANZUGEBEN HABEN SIE VERTRAUEN ZU UNS.

3. Juni, 18 Uhr: New Yorker Büro an ›St. Louis‹:

NACH TELEFONISCHER RÜCKSPRACHE ERMÄCHTIGT SIE
HAMBURG BIS MORGEN MITTAG ZWEI UHR AUF STELLE ZU
TRETEN.

In zwölf Stunden lief die Frist ab.

Um halb eins ging Schröder in seiner zerknitterten Tropenuniform ins Ruderhaus. Die ›St. Louis‹ trieb in der
starken Strömung des Golfstromes. Im Ruderhaus wußte
jeder Bescheid. Schröder ging langsam auf der Brücke auf
und ab, bis die Uhr genau eins zeigte. Auf dem Vorderdeck
sah er einige Passagiere, die dort trotz seiner Anordnung im
Dunkeln auf ihren Koffern kauerten. Ihr Anblick brachte
ihm die ganze Hoffnungslosigkeit ihres Schicksals zum Bewußtsein.

Er forderte sie auf, unter Deck zu gehen. Sie gehorchten.
Stumm verschwanden sie. Nur ihre Koffer ließen sie stehen.

Der Mann am Ruder blickte auf die Kompaßnadel. Nach
der Landpeilung waren sie nur noch eine Meile von Miami

Beach entfernt. Ein Maat rief die Tiefen aus. Schröder ließ die Maschinen stoppen. Er nahm sein Nachtglas und trat hinaus in die Nock an der Backbordseite des Schiffes. Sie hatten Glück. Die Nacht war stockdunkel. Die Decklampen wurden gelöscht, die Matrosen gingen an die Rettungsboote. Der Anker fiel klatschend ins Wasser; dann war es wieder still.

Es war ein günstiger Platz. Backbord lagen ein paar Lichter von Miami Beach, und der Leuchtturm würde den Booten den Weg weisen. Kapitän Schröder gab Befehl, die Passagiere an Deck zu rufen. Sie kamen, trotz der warmen Nacht in Mäntel gehüllt, mit ihren Koffern. Sie kamen lautlos, ohne Lärm, als hätten sie dieses Manöver oft geübt. Es waren hauptsächlich Männer.

Schröder blickte zu den schwachen Lichtern an Land; plötzlich erkannte er die Positionslichter eines Schiffes. Er nahm sein Glas. Zwischen dem grünen und dem roten Licht erkannte er sofort die Silhouette eines Patrouillenbootes der Küstenwache. Er rief den an den Rettungsbooten wartenden Passagieren zu, unter Deck zu gehen. Dann hörte er die hastenden Schritte der verängstigten Menschen, die seinen Befehl sofort ausführten. Das Patrouillenboot war inzwischen so nahe herangekommen, daß Schröder das Geschütz am Heck erkennen konnte. Die Wache an Steuerbord meldete ein zweites Boot.

Er schloß geblendet die Augen, als die Scheinwerfer aufflammten und die Decks der ›St. Louis‹ abtasteten. Schröder rief nach dem Signalgast. Am Bug des Patrouillenbootes, das jetzt vor ihnen stoppte, waren die Buchstaben CG zu erkennen; Coast Guard Nummer 244.

»Er morst uns an«, sagte der Signalgast, »Küstenwache von Fort Lauderdale. Fragt, wer wir sind.«

»Antworten Sie«, sagte Schröder. »›St. Louis‹ mit 900 Passagieren.« Der Mann begann mit der Blende seines Morse-scheinwerfers zu klappern. Von drüben antworteten Licht-zeichen:»Verlassen Sie die Dreimeilenzone. Wissen über Passagiere Bescheid. Sorry.«

»Er funkte ›sorry‹«, hat Kapitän Schröder später erzählt. »Ich dachte an die Leute unter Deck. Ihr Schicksal mußte jetzt überall bekannt sein. Alle amerikanischen Zeitungen waren voll davon. So machte ich noch einen Versuch. Ich ließ dem Patrouillenboot mitteilen, wir hätten Maschinen-schaden. Ich erwartete nicht, daß mir geglaubt würde, aber hoffte, daß mir die Amerikaner eine Chance gaben, wenig-stens einen Teil meiner Passagiere an Land zu bringen. Aber die Amerikaner gingen nicht darauf ein. Wir warteten noch vier Stunden. Aber die beiden Boote blieben an unserer Seite. Erst am Morgen gab ich es auf.«

CG Nr. 244 und ein zweites mit unbekannter Bezeich-nung, die beiden Patrouillenboote der Küstenwache von Fort Lauderdale folgten von dieser Stunde an der ›St. Louis‹. Später kamen noch zwei Bewacher hinzu: Flugzeuge der Küstenwache Miami. Sie ließen das Schiff nicht mehr aus den Augen.

Trotzdem schienen die Passagiere zuversichtlicher als in den Tagen zuvor. Das weite Meer, der frische Wind, das war immer noch besser als das Warten in der heißen Bucht von Havanna. Und diese letzte Nacht schien den Passagieren be-stätigt zu haben, daß sie einen Kapitän hatten, der sie nicht im Stich ließ, sondern alles versuchte.

Kapitän Schröder glaubte nicht mehr an eine Landung in Havanna. Trotzdem war er gewillt, das Versprechen, das er Berenson gegeben hatte, so lange zu halten, bis ihn Treib-stoffmangel zu einer Entscheidung zwang. Am Mittag, während die Passagiere im Speisesaal waren, drehte er von der Küste ab. Er änderte den Kurs langsam auf Nordnordost; so merkte niemand etwas davon. Am Spätnachmittag, als die sinkende Sonne keinen Zweifel mehr ließ über den Kurs, entstand Unruhe im Schiff.

»Es blieb uns nichts anderes übrig, als den Passagieren reinen Wein einzuschenken«, schreibt Schröder in seinem Bericht. »Ich ließ bekanntmachen, daß wir auf einen Ort außerhalb der Floridastraße zuhielten, der gleich weit von New York und Havanna lag, so daß wir beide Ziele noch erreichen konnten. Aber es gab schon zu viele, die überhaupt nichts mehr glaubten. Immer wieder wurden Zahlmeisterei und Schiffsleitung von verzweifelten Männern und Frauen um Auskünfte gebeten.«

Am Montag, dem 5. Juni, notiert Schröder: »Große Aufregung. Während des ganzen Tages laufen viele Telegramme von Angehörigen aus Havanna ein, die Landung sei gesichert. Wir fangen einen Funkspruch auf. Eine amerikanische Presseagentur meldet ebenfalls, daß die Landung perfekt sei.

Hamburg bestätigt:

PRESSEMELDUNG KORREKT. LETZTE ENTSCHEIDUNG JEDOCH NOCH NICHT GEFALLEN. WIR HABEN HAVANNA ANGEWIESEN, DASS WIR LANDUNG DER PASSAGIERE IN HAVANNA, MATANZAS ODER MARIEL ERLAUBEN.

Ich stoppte das Schiff. Am Abend kam dann das Telegramm aus Havanna:

BITTE BENACHRICHTIGT PASSAGIERE, DASS IHRE LANDUNG AUF DER INSEL PINOS AN DER SÜDKÜSTE KUBAS BEHÖRDLICH GENEHMIGT IST.

CENTRO ISRAELITA

Die Nachricht wurde mit ungeheurem Jubel aufgenommen. Zum ersten Mal wurde wieder getanzt. Da ich dieses Komitee als zuverlässig und vorsichtig kannte, konnte ich mir nicht denken, daß man den schon so oft enttäuschten Passagieren jetzt noch eine unsichere Meldung vorsetzen würde, und ich war überzeugt, richtig zu handeln, wenn ich das Schiff auf Südkurs brachte ...«

Es war abends um 20 Uhr, als Tropical Radio in Miami von der ›St. Louis‹ einen Funkspruch auffing:

SIND AUF DEM WEG ZUR INSEL PINOS.

Sofort nach der Abfahrt der ›St. Louis‹ aus Havanna hatte Lawrence Berenson die Verhandlungen weitergeführt. Wie es schien – unter einem glücklichen Stern.

Noch am gleichen Morgen, Freitag, 2. Juni, erklärte sich ein anderes Land bereit, die Passagiere des deutschen Schiffes aufzunehmen, San Domingo. Nestor Pou, Generalkonsul San Domingos, gab im Auftrag seiner Regierung in Havanna bekannt, daß sein Land bereit sei, die Juden aufzunehmen. Für 500 Dollar pro Kopf. Falls der Betrag zu hoch sei, erwarte die Regierung Gegenvorschläge. Doch auch dieses rettende Angebot zerschlug sich. Ausgerechnet in Berlin winkte man ab. Das Auswärtige Amt führte nämlich zur gleichen Zeit zusammen mit der ›Reichszentrale für jüdische Auswanderung‹ (Gestapo Berlin) Verhandlungen mit verschiedenen Ländern, darunter San Domingo und Guayana, über ihre berüchtigten Massenauswanderungsprojekte.

Berlin wollte diese Verhandlungen nicht gestört haben.

Diktator Trujillo hatte sich grundsätzlich bereit erklärt, ›hunderttausend Juden zu nehmen‹. Das Landungsgeld, das man den Juden in Deutschland abgenommen hatte, lag auf einer New Yorker Bank bereit.

Trujillo verzichtete bereitwillig auf das kleinere Geschäft, um das größere nicht zu gefährden. Aber das wußte in Havanna niemand. Der kubanische Präsident, der die Hauptstadt verlassen hatte, hielt sich im Hintergrund.

Am 3. Juni traf Berenson zum ersten Mal mit den Beauftragten des Präsidenten zusammen. Berenson berichtete der Presse nachher:

»Die Konferenz ist sehr zufriedenstellend verlaufen. Wir werden morgen vormittag um 11 Uhr ein weiteres Treffen haben, um, zusammen mit Dr. Arturo Antonio Bustamente, dem Anwalt des amerikanischen Flüchtlingskomitees, die Einzelheiten zu besprechen. Unmittelbar nach dieser Konferenz werden wir von Präsident Laredo Bru auf seinem Landsitz empfangen.«

Bei diesem Empfang, am 4. Juni, gab es für Berenson aber ein böses Erwachen. In seinem märchenhaften Landsitz Parraga – der Präsident besaß riesige Zuckerrohrplantagen und Viehherden – ließ Bru die Katze aus dem Sack.

Die 453 000 Dollar (über anderthalb Millionen Mark), die Berenson im Auftrag des JDC (Joint Distribution Committee), dem größten Hilfswerk Amerikas, dem Tausende jüdische Emigranten ihre Rettung verdanken, als Gebühr zu zahlen bereit war, wollte Bru sozusagen privat einstecken. Darüber hinaus forderte jetzt der Präsident:

Aufenthalt der Passagiere auf der Insel de Pinos in einem dort zu errichtenden geschlossenen Lager.

Die Zusicherung, daß ihr Aufenthalt vorübergehend sei.

Die Immigranten dürfen nicht der öffentlichen Wohlfahrt zur Last fallen.

Sie haben selbst für ihre Unterkunft und Verpflegung aufzukommen. Frist bis zur Entscheidung über diesen Vorschlag 48 Stunden, bis zum 6. Juni, 12 Uhr mittags.

Es war eine glatte Erpressung.

In einer folgenden Pressekonferenz, am Morgen des 5. Juni, erklärte Bru den in großer Anzahl versammelten ausländischen Korrespondenten wörtlich:

»Mein Posten erlaubt es mir nicht, der Stimme meines Herzens zu folgen, er schreibt mir genaue Pflichten vor, und es sind oft schmerzliche Pflichten. Es ist mir einfach unmöglich, diese Flüchtlinge an Land zu lassen. Die Aufnahme weiterer Flüchtlinge würde unserer Wirtschaft ernsthaften Schaden zufügen. Aber, wie ich sagte, macht die Regierung ungeachtet dessen noch einen Versuch, im Geiste der Brüderlichkeit diese Flüchtlinge aufzunehmen, wenn die nötigen Garantien gegeben werden, daß sie dem Staate nicht zur Last fallen.«

In dieser Zwangslage machte Berenson einen nur zu verständlichen, aber entscheidenden Fehler, den Bru ihm nie verzieh: Er bat Brus politischen Gegner um Hilfe, den Chef der Armee, Colonel Fulgencio Batista. Berenson und Batista kannten sich noch aus der Zeit, als der amerikanische Anwalt offizieller Berater der kubanischen Regierung gewesen war. Berenson wußte, daß Batista sich für die jüdische Einwanderung eingesetzt hatte. Er wußte nicht, daß Batista jetzt, vor den Wahlen, sich nicht mehr zu exponieren gedachte, es war unpopulär, Juden ins Land zu lassen. Trotzdem schien Batista helfen zu wollen. Er stellte ein Armeeflugzeug zur Verfügung. Er selbst flog mit dem Anwalt zur Insel de Pinos. Sie lag im Süden der Insel Kuba, im Golf von Batabanó. Auf de Pinos befand sich auch das große Staatsgefängnis, wohin man alle Gegner des Regimes brachte. Batista und Berenson suchten auf der Insel einen geeigneten Platz. Der Chef der Armee erklärte sich bereit, Militärbaracken aufzustellen. Wieder in Havanna, gab Batista noch folgenden Rat; Berenson sollte die Forderungen des Präsidenten ablehnen.

Am Mittag des 5. Juni, 24 Stunden vor der von Laredo Bru

gesetzten Frist, machte Berenson im Palais einen Gegen-
vorschlag:

Wir bezahlen 453 000 Dollar Landegebühr. Diese Summe
gilt für die 900 Passagiere der ›St. Louis‹, für die 98 Passagiere
der ›Flandre‹ und die 86 Passagiere der ›Orduna‹. Das französische und das englische Emigrantenschiff waren auf dem
Rückweg nach Havanna, da es ihnen nicht gelungen war, ihre
Flüchtlinge in Mittelamerika zu landen. Das war am Mittag
des 5. Juni. Am Nachmittag hieß es, der kubanische Präsident habe zugestimmt. Der Anruf kam von einem Beamten
der Immigrationsbehörde. Es gibt glaubhafte Vermutung,
daß dahinter Batista steckte, um Bru in die Enge zu treiben.
Jedenfalls war dies der Anlaß zu jenem Kabel an die ›St.
Louis‹, daß die Landung auf der Insel de Pinos gesichert sei.

Celia Robowski, die Assistentin Berensons, schildert die
letzte Nacht, als man im Hotel Sevilla Biltmore auf die Entscheidung wartete:

»An Schlaf war nicht zu denken. Die Reporter aus den
USA und von überallher wichen uns nicht von der Seite. Wir
warteten in meinem Wohnzimmer und sprangen auf, sobald
das Telefon ging. Aus allen Teilen der Welt wurde versucht,
uns zu helfen. Wir bekamen in dieser Woche zahllose Anrufe. Zum Beispiel von einem Millionär aus Texas.

Er bot uns an: ›Ich besitze eine Insel im Golf von Mexiko.
Wenn Kuba die Flüchtlinge aus Deutschland nicht will, ich
heiße sie auf meiner Insel willkommen. Und ich komme für
alles auf.‹

Glauben Sie mir, es war bedrückend, sein Angebot abweisen zu müssen. Obgleich ihm die Insel gehörte, so unterstand
sie doch der amerikanischen Immigrationsbehörde. Ich versuchte, den amerikanischen Botschafter in Havanna zu sprechen. Aber während dieser ganzen Woche war er krank.

Wir hatten wirklich alles getan. Jetzt warteten wir nur
noch. Die ganze Nacht kamen Anrufe von Angehörigen,
aber auch anonyme Anrufe mit Drohungen, Berenson um-
zubringen, wenn er nicht zahle.

Am Morgen des 6. Juni hörten wir die ersten pessimisti-
schen Gerüchte. Der Präsident sollte abgelehnt haben. Ich
begreife heute noch nicht, was geschehen war. Ich erfuhr nie
die ganze Wahrheit. Ich weiß nur, daß sie das Geld liebten.
Und dann kam Berenson aus der Stadt zurück. Nie werde
ich es vergessen; er trat in mein Zimmer, schneeweiß im Gesicht.

›Es ist aus, Celia‹, sagte er. ›Der Präsident macht ernst. Er
schickt sie erbarmungslos zurück, endgültig.‹«

Die Bekanntmachung aus dem Palast des Präsidenten Bru
lautete:

*Die kubanische Regierung wird den 907 Juden auf der ›St.
Louis‹, die sich im Augenblick irgendwo auf dem Atlantik
befinden, nicht erlauben, in irgendeinem kubanischen
Hafen zu landen. Die 48-Stunden-Frist ist verstrichen. Mr.
Berenson machte ein Gegenangebot, das unannehmbar
war. So ist eine Aufnahme der Flüchtlinge nicht möglich.
Ich werde diesen Beschluß der Reederei umgehend mittei-
len.*

Lawrence Berenson übergab der Presse die folgende Mitteilung:

*Die Erklärung aus dem Präsidentenpalais kam vollkom-
men überraschend; und ich habe keine Erklärung dafür.
Ich werde versuchen, mich mit Beauftragten des Präsidenten in Verbindung zu setzen.*

Das New Yorker Komitee, meine Mitarbeiter und ich selbst haben Tag und Nacht ununterbrochen in der sicheren Hoffnung verhandelt, daß die Flüchtlinge der ›St. Louis‹ nach Kuba hereingelassen werden. Wir hoffen aufrichtig, daß die kubanische Regierung ihre Aufnahme doch noch bewilligen wird.

Tags darauf traf ein Kabel aus New York ein. James N. Rosenberg, Vorsitzender des JDC, in dessen Auftrag Berenson verhandelte, telegrafierte an Präsident Bru:

WIR HABEN HEUTE DIE CHASE NATIONAL BANK IN HAVANNA BEVOLLMÄCHTIGT, IHNEN FOLGENDEN VORSCHLAG ZU UNTERBREITEN: WIR STELLEN FÜR JEDEN FLÜCHTLING AN BORD DER ›ST. LOUIS‹ DIE SUMME VON 500 DOLLAR ZUR VERFÜGUNG, DAMIT ER AN LAND GEHEN DARF.

DEN GLEICHEN BETRAG STELLEN WIR EBENFALLS FÜR DIE PASSAGIERE AN BORD DER SCHIFFE ›FLANDRE‹ UND ›ORDUNA‹ ZUR VERFÜGUNG. DIE CHASE NATIONAL BANK IN HAVANNA HAT DAS NOTWENDIGE KAPITAL ERHALTEN. AUSSERDEM VERPFLICHTET SICH UNSER KOMITEE, DASS KEINER DIESER EMIGRANTEN DER ÖFFENTLICHKEIT ZUR LAST FALLEN WIRD. WIR VERTRAUEN DARAUF, DASS ES – OBWOHL ES HEISST, DIE ›ST. LOUIS‹ SEI BEREITS AUF DEM RÜCKWEG NACH DEUTSCHLAND – NICHT ZU SPÄT IST, TELEGRAFISCH EINE UMKEHR DES SCHIFFES NACH HAVANNA ZU VERANLASSEN. DARUM BITTEN WIR SIE!

Es war genau das, was Laredo Bru ursprünglich verlangt hatte. Aber es war zu spät. So gern der kubanische Präsident früher zugestimmt hätte, jetzt, da das Geld nicht mehr in die eigene Tasche wandern konnte, da die Öffentlichkeit Bescheid wußte, jetzt interessierte es ihn nicht mehr.

Sein Antworttelegramm an James N. Rosenberg lautete:

DAS THEMA ›ST. LOUIS‹-PASSAGIERE IST FÜR DIE REGIERUNG ABGESCHLOSSEN. MIT BEDAUERN WIEDERHOLE ICH DIE UNMÖGLICHKEIT IHRER AUFNAHME IN KUBA. ICH VERSICHERE SIE MEINER AUFRICHTIGEN FREUNDSCHAFT.

Auch die ›Flandre‹ und die ›Orduna‹ mußten die Hoffnung aufgeben, ihre Passagiere zu landen. Sie fuhren weiter. In Havanna blieb das gesamte Gepäck der 86 ›Orduna‹-Passagiere zurück, das man beim ersten Anlaufen ausgeladen hatte. Da die ›Orduna‹ aus England kam, war es wertvolles Gepäck, das Schmuck, kostbare Musikinstrumente, technische und wissenschaftliche Apparate enthielt. Die Passagiere der ›Orduna‹ erhielten ihr Eigentum nie zurück, noch bekamen sie eine Entschädigung. Hintermänner Batistas hatten die Sachen zu Schleuderpreisen aufgekauft.

Noch einmal versuchte Berenson, die Verhandlungen wiederaufzunehmen. Bru ließ sich nicht sprechen. Aber auch Batista war nicht mehr zu erreichen. Er hatte die Stadt verlassen.

Berenson flog, nach weiteren vergeblichen Versuchen, Bru oder Batista zu erreichen, nach New York zurück. Jetzt konnte die Rettung nur noch von dort kommen.

Von der ›St. Louis‹ waren in Havanna inzwischen nur zwei Meldungen eingetroffen. Eine von Kapitän Gustav Schröder:

WIR FAHREN VOLLE KRAFT KURS EUROPA.

Und eine zweite von Passagieren:

WO BLEIBT EUER VERSPRECHEN UNS ZU HELFEN? WIR TREIBEN IN UNSER VERDERBEN.

──── 6 ────

»Heute verhüllt unsere Göttin der Freiheit
ihr Gesicht vor Scham ...«

Das große Schiff schnitt mit 16 Knoten durch die ruhige
See. Position der ›St. Louis‹ – 300 Meilen westlich der
Bermudas. Im Schutz der dunklen Nächte hatte Kapitän
Schröder das Schiff aus der Floridastraße hinaus ins Meer
manövriert. Der schwindende Vorrat an Öl, Wasser und Proviant erlaubte kein weiteres Spazierenfahren. Das Schiff hielt
jetzt Kurs Ostnordost. Die Reederei in Hamburg hatte dem
Kapitän der ›St. Louis‹ an diesem Morgen des 6. Juni mitgeteilt:

NUR ZU IHRER PERSÖNLICHEN INFORMATION. WENN LAN-
DUNG KUBA NICHT MÖGLICH, FAHREN SIE DIREKT NACH
DEUTSCHLAND. SIE MÜSSEN CUXHAVEN ERREICHEN, DASS
DIE PASSAGIERE MÖGLICHST BIS 18. JUNI DORT LANDEN.
VON DORT AUS FAHREN SIE MIT BALLAST NACH NEW YORK
ZURÜCK. VERGNÜGUNGSFAHRTEN BEGINNEN NEW YORK
30. JUNI.

Dieser 6. Juni war der erste kritische Tag an Bord der ›St.
Louis‹. Der Schiffsarzt hatte alle Hände voll zu tun; zahllose
Fahrgäste hatten Nervenzusammenbrüche erlitten. Der Ka-
pitän ließ bekanntgeben, daß sich alle Ärzte melden sollten.
Der Passagier Dr. Fritz Spanier aus Berlin war einer dieser
Ärzte, der mit aushalf.

Unter der Leitung des Rabbiners Gustav Weil hatte sich
ein Seelsorgekomitee gebildet, das von Kabine zu Kabine
ging und den Passagieren Trost zusprach.
»Wir selbst waren ganz ruhig. Hatten wir doch unsere
Kinder bei uns, und die Familie war vollzählig«, erzählt Frau
Margarete Philippi; sie war eine Kinderschneiderin aus Berlin und lebt heute in Chile. »Aber die Stimmung wurde
immer gereizter. Wir wurden hin- und hergeschubst, und in
den Telegrammen, die wir bekamen, hieß es immer nur ›Seid
frohen Mutes‹ und ›keep smiling‹.
Langsam schwand jeder Hoffnungsschimmer. Besserwis-
ser und Zweifler schürten die Unruhe. Ich weiß nicht, was
geschehen wäre, wenn wir nicht diesen Kapitän gehabt hätten, der mir eines Tages versicherte, lieber zöge er die Uniform aus, als daß er uns wieder nach Deutschland zurückbringen würde. Und so wie er es sagte, glaubte man es ihm
wirklich …«
Die erste Andeutung von dem, was ihnen bevorstand, kam
spät an diesem Abend. Kapitän Schröder war in seinem
Wohnsalon, als ihm eine Abordnung von acht Männern gemeldet wurde. Der Kapitän bat sie, Platz zu nehmen. Aber
sie blieben stehen. Er fragte, was er für sie tun könnte. Die
Männer wandten sich an einen Mann in ihrer Mitte. Der begann:
»Wir wollen Ihnen Ihre Aufgabe nicht noch erschweren,
Kapitän. Wir wissen, daß Sie uns nicht mehr helfen können.
Aber wir sind entschlossen, nicht nach Deutschland zurückzukehren. Niemals.« Er war noch jung, jünger als die anderen. Er hatte ein graues, faltiges Gesicht und eine hohe glatte Stirn. Er sprach sehr leise, aber mit bitterem Ernst.
Schröder wartete; der Sprecher der Gruppe fuhr fort: »Wir
haben nicht viel zu verlieren. Wir wissen, was uns erwartet.
Wenn Sie mit Ihrem Schiff in einen deutschen Hafen ein-

laufen, werden viele Ihrer Kabinen leer sein. Wir sind nur zu acht hier, aber wir sprechen für dreihundert. Ich weiß nicht, ob Sie wußten, daß dreihundert Ihrer Passagiere in Konzentrationslagern gesessen haben, bevor man sie auf Ihr Schiff ließ … Diese dreihundert sind zu allem entschlossen.«

»Die Worte klingen mir noch im Ohr«, schreibt Schröder später nieder. »Als ich sie bat, mir ihre Erlebnisse zu schildern, schauten sie sich ängstlich um, als ob sie Horcher befürchteten. Ich fragte sie, ob es denn verboten sei, darüber zu sprechen. Sie sahen mich verlegen an und schwiegen. Dann aber sagte einer von ihnen: ›Ich wage tatsächlich nicht, darüber zu sprechen, denn wer weiß, was uns noch bevorsteht. Aber Sie können mir glauben, lieber tot als das noch einmal.‹ In ihren Augen war eine furchtbare Angst.«

Sofort nach dieser Besprechung setzte Schröder ein Telegramm auf. Er verschlüsselte es in dem Privatcode, der mit der Reederei in Hamburg vereinbart war. Norddeich-Radio nahm den Funkspruch auf:

PASSAGIERE WERDEN SICH MIT DER WEITERFAHRT NACH DEUTSCHLAND NICHT ABFINDEN. UNGEFÄHR 300 VON IHNEN KOMMEN AUS KONZENTRATIONSLAGERN – ERÖFFNEN MIR DASS SIE NIEMALS ZURÜCKKEHREN WERDEN. ES MUSS BEFÜRCHTET WERDEN DASS SIE IN IHRER VERZWEIFLUNG ALLES TUN UM RÜCKKEHR ZU VERHINDERN.

An diesem Abend erhielt der Kapitän noch eine alarmierende Nachricht. Ein völlig verstörtes Ehepaar suchte ihn auf und verriet: Unten im Schiff tage ein Sabotagekomitee. Der Ehemann hatte ihre Gespräche mitgehört. Er kannte nur einige Namen. Einer dieser Namen: Arthur Heymann. »Nun beruhigen Sie sich erst einmal.« Kapitän Schröder rückte ein

wenig aus dem Licht der Tischlampe.»Und dann erzählen
Sie, in aller Ruhe.«

»Es gibt nicht viel zu erzählen.« Der Mann versank in dem
weiten Ledersessel. Sein weißes, ziemlich dünnes Haar hing
in Strähnen über die Ohren.»Wenn Sie jetzt gleich ein paar
Leute schicken, dann haben Sie sie alle zusammen, sie
müssen noch unten sein.« Seine vollen Lippen zitterten, und
er begleitete seine Worte mit linkischen Bewegungen der
Hände.

»Was haben Sie nun genau gehört?« fragte Schröder.

Die Bewegung des Schiffes ließ auch den Tisch im Wohnsalon des Kapitäns leicht auf und ab schwanken.

»Genau?« Der Sechzigjährige, ein Polsterer aus Rheda, sah
seine Frau an. Sie trug ein geblümtes Kleid. Sie blickte auf
ihre Hände.»Ich habe es Ihnen doch gesagt«, fuhr der Mann
fort.»Sie wollen, wenn wir in die Nordsee einlaufen, eine
Katastrophe herbeiführen … das Schiff in Brand stecken, den
Maschinenraum sprengen, irgend so etwas …«

»Und weiter?«

Die Frau begann zu schluchzen. Der Mann stotterte:»Ich
… verstehe Ihre Ruhe nicht, Kapitän. Ich flehe Sie an, die
meinen es bitterernst. Andere sind dafür, gar nicht erst so
lange zu warten … sie wollen gleich etwas unternehmen, sie
wollen meutern, die Brücke besetzen.«

»Und Sie haben das alles selber gehört? Sie sind ganz sicher?«

Der Mann nickte. Die Frau saß zusammengesunken und
schluchzend da.»Sie treffen sich immer in einer Kabine, die
neben der unsrigen liegt«, erklärte der Mann, »eine leere
Kabine … im B-Deck. Dort wohnten Kubaner oder Spanier.
Sie wissen schon, die in Havanna an Land durften. Jetzt steht
sie leer, und dort treffen sie sich, um ihre Pläne zu besprechen.«

121

Schröder ließ sich sein Erschrecken nicht anmerken. So ruhig wie möglich sagte er: »Eigentlich nichts Ungewöhnliches, meinen Sie nicht? Wenn man sehr verzweifelt ist, sucht man nach Auswegen. Man denkt sich die unsinnigsten Sachen aus. Sie in die Tat umzusetzen, das ist etwas anderes.«

Der Mann starrte ihn entsetzt an und schüttelte den Kopf. »Das sind keine leeren Drohungen, ich beschwöre Sie. Jetzt sind es vielleicht nur wenige, aber wenn in den nächsten Tagen nichts geschieht, wenn auch die Amerikaner uns nicht aufnehmen …«

»Sie haben doch gesagt, daß Sie uns nicht nach Deutschland zurückbringen«, sagte die Frau nun plötzlich.

Schröder antwortete nicht. Er hatte es gesagt, weil er sich einfach nicht vorstellen konnte, daß niemand sich seiner Passagiere erbarmte. Aber niemand wollte sie. Niemand nahm sie auf. »Im Augenblick kann ich nichts unternehmen«, sagte er.

Das Ehepaar blickte ihn verständnislos an. Es hatte sich erhoben. Der Mann griff nach dem Stock, der neben dem Sessel lehnte. »Wir werden mit niemandem darüber sprechen«, sagte er.

»Sprechen Sie ruhig darüber«, sagte Schröder. »Wenn sie merken, daß ihre Pläne entdeckt sind, werden sie es sich überlegen …«

Der Kapitän ließ sich die Namen der Verschwörer, die dem Ehepaar bekannt waren, geben. Dann verließ er seinen Wohnsalon und ging ins Schiff hinunter.

In der großen Halle spielte die Bordkapelle, so wie er es angeordnet hatte. Aber sie spielte vor einem leeren Saal. Überall standen Gruppen zusammen. Wenn er sich ihnen näherte, verstummten ihre Gespräche, und sie sahen ihn fragend an. Er spürte überall Verzweiflung und Panik. Im Hospital

waren alle Betten belegt, meist waren es Frauen, die Nervenzusammenbrüche erlitten hatten.

Das Hospital lag im B-Deck achtern. Auf der überdachten
Promenade vor der Reiseleitung stand eine Gruppe von Kindern. Sie hatten mit Stühlen eine Barriere gebaut. In der Mitte
war ein schmaler Durchlaß, den zwei dunkelhaarige Jungen
bewachten. Sie waren vielleicht 12 oder 13 Jahre alt, und sie
standen dort mit strenger Miene. Vor ihnen warteten Kinder,
hintereinander, in einer Reihe. Ein kleiner Junge stand ganz
vorn, als erster.

»Laßt mich bitte durch«, hörte Schröder ihn zaghaft sagen.
Die beiden Wächter bekamen noch abweisendere Gesichter;
plötzlich fragte einer der beiden streng: »Bist du Jude?« Sie
waren so in ihr Spiel vertieft, daß sie den Kapitän gar nicht
bemerkten.

»Was ist, bist du ein Jude?« drängte der Junge.

Der Kleine, am Anfang der Reihe, bejahte kleinlaut. Die
beiden Wächter sahen sich an. Mit einer Handbewegung
wiesen sie den Kleinen ab: »Juden haben keinen Zutritt!«

»Ich bin doch nur ein ganz kleiner«, sagte der Junge. Aber
dann ging er aus der Reihe und schloß sich wieder hinten
an.

»Ich beobachtete sie mit wachsender Beklemmung«, erzählt Schröder, »aber für sie war es wirklich nur ein Spiel; sie
spielten es völlig unbefangen und unbekümmert.«

Schröder ging weiter. Die Kabine der Kubaner lag gegenüber dem Schreibzimmer im B-Deck. Sie war leer. Die Kabine von Arthur Heymann war nebenan. Schröder klopfte.
Er blieb auf der Schwelle stehen. »Darf ich?« Die Kabine war
nur von der Lampe über dem Tisch erleuchtet. Der junge
Mann, der dort in Hemdsärmeln saß, fuhr herum. Er nahm
den Rock vom Stuhl und warf ihn auf das Bett an der Außen-
wand. An dem Ärmel des Rockes war die weiße Binde der

Schiffswache mit Sicherheitsnadeln festgesteckt. Die Kabine war so nüchtern eingerichtet, als sei sie unbewohnt. Nur am Fußende des Bettes stand ein alter, verbeulter Strohkoffer mit einem Vorhängeschloß. Arthur Heymann hatte die Deckenbeleuchtung eingeschaltet. Er saß dem Kapitän jetzt gegenüber, rittlings auf dem Stuhl, die Arme auf der Rückenlehne verschränkt.

»Ich sehe, Sie sind bei der Schiffswache«, begann Schröder. »Damals, während der Liegezeit in Havanna, haben Sie noch Schlimmeres verhütet.«

»So nahe wie damals sind wir nie wieder an Land gekommen«, sagte Arthur Heymann. Sie saßen sich kaum einen Schritt gegenüber. »Hätten wir die Landung mit Gewalt erzwingen sollen?« fragte Schröder.

»Sie wollen sich sicher nicht über Vergangenes unterhalten.« Arthur Heymann fuhr sich durch das dunkle, gekräuselte Haar und lächelte spöttisch. Seine Zähne waren gelb vom Rauch allzu vieler Zigaretten. »Irgendein Angsthase hat uns also bei Ihnen angeschmiert?«

»Angeschmiert?«

»Was soll das? Sie wissen doch Bescheid. Warum wären Sie sonst gekommen.«

»Also gut«, sagte Schröder. »Reden wir offen. Was haben Sie vor?«

»Ich denke, Sie kennen unsere Pläne?«

»Ich möchte sie gerne von Ihnen selbst hören. Ich möchte wissen, ob Sie wirklich glauben, auf meinem Schiff damit durchzukommen ...«

»Wenn Sie meinen, wir seien Kinder, die Verschwörung spielen ...«

Die Augen hinter seiner Hornbrille hatten ein kaltes, glanzloses Funkeln. »Ich bin nicht ganz unerfahren in diesen Dingen.«

»Also, die Karten auf den Tisch«, sagte Schröder. »Ich verspreche Ihnen, dieses Gespräch bleibt unter uns.«

Arthur Heymann sah ihn an, immer noch voller Mißtrauen. »Wenn ein Schiff auf hoher See plötzlich SOS funkt«, begann er dann, jedes Wort abwägend, »weil seine Passagiere in Gefahr sind – dann würde doch jedes Schiff in der Nähe zur Hilfe herbeieilen. Oder?«

Schröder blickte überrascht auf. »Das ist ein Gesetz, das älteste Gesetz der See.«

Arthur Heymann lächelte. »Die Neunhundert auf diesem Schiff sind in Gefahr, in Lebensgefahr. Das beste, was also geschehen könnte, wäre ein Zusammenstoß, ein Eisberg, der ein Leck schlägt, irgend etwas …« – »Ein Schiffsbrand?« warf Schröder ein. »Zum Beispiel«, sagte Arthur Heymann. »Niemand würde in so einem Moment zögern, die Menschen zu retten.«

Schröder nickte nachdenklich. Nach einer Weile sagte er: »Sie wissen sicher, daß eine Abordnung von acht Männern bei mir war. Sie sprachen für Dreihundert, und sie gaben mir zu verstehen, daß sie niemals nach Deutschland zurückkehren würden.

»Zweifeln Sie daran?«

»Ich habe die Reederei davon unterrichtet. Ich habe eine Antwort. Die Gestapo hat erklärt, so versichert mir die Reederei, daß bei einer Rückkehr nach Deutschland niemand von Ihnen in ein KZ komme.«

»Überlegen Sie mal«, sagte Arthur Heymann sehr beherrscht, sehr leise. »Neunhundert Menschen kommen nach Deutschland zurück, Juden. Sie haben nichts mehr. Kein Geld, keine Wohnung. – Was wird man wohl mit ihnen machen?«

Schröder hatte sich erhoben. »Hören Sie«, sagte er, »ich warne Sie. Ich bin der Kapitän dieses Schiffes, vergessen Sie

125

das nicht. Es hat keinen Sinn, etwas anzuzetteln ...« Er sagte es sehr ernst, und dann fügte er hinzu: »Jedenfalls nicht ohne mich.«

Arthur Heymann starrte ihn an. In seinem Gesicht arbeitete es; es war, als wehre er sich krampfhaft dagegen, diesem Mann dort zu vertrauen. Plötzlich sagte er: »Haben Sie niemals überlegt, daß es vielleicht besser wäre für Sie, Sie hätten mit Plänen, wie wir sie haben, nichts zu tun ...?«

Schröder wandte sich an der Tür überrascht um.

»Sie werden jedenfalls einmal nach Deutschland zurückkommen«, fuhr Heymann fort. »Haben Sie einmal daran gedacht, wie man Ihnen das auslegen könnte, daß Sie sich so für neunhundert Juden einsetzen?«

»Für neunhundert Passagiere«, sagte Schröder.

»Für Juden«, antwortete Heymann, »das ist ein Unterschied.«

Schröder ging nicht darauf ein. »Ich mache Ihnen einen Vorschlag«, sagte er. »Kommen Sie morgen zu mir. Alle Leute von Ihrem Sabotagekomitee. Sie nennen sich doch so? Ich werde versuchen, Sie zu überzeugen. Sie hab keine andere Chance, als mir zu glauben, daß ich es ehrlich meine.«

»Sie kamen wirklich«, berichtet Schröder. »Am anderen Morgen waren sie vollzählig da. Ich machte ihnen keine Versprechungen. Ich forderte sie auf, dem Bordkomitee beizutreten. Zwei konnte ich überzeugen. Arthur Heymann war nicht darunter.«

An diesem Abend verkündete ein Anschlag den Passagieren:

»Zum Bordkomitee sind hinzugetreten:
Herr Sally Gutmann
Herr Dr. Ernst Vendig.«

Aber Schröder ging kein Risiko ein. Noch am gleichen Tag besprach er mit dem Ersten Offizier und dem Leitenden Ingenieur der ›St. Louis‹ Vorsichtsmaßnahmen. In einen ›Vertraulich‹ gekennzeichneten Bericht an die Reederei schreibt Schröder darüber:

Um allem vorzubeugen, wurde ein zuverlässiger Wachdienst aufgezogen. Um Verzweiflungstaten zu verhindern, wurden die Wachen überall verstärkt, und um das ganze Schiff wurde die Reling ständig beobachtet.
Die Brücke wurde unauffällig in Verteidigungszustand gebracht. An allen Aufzügen standen Tag und Nacht Posten, ebenso an den Gängen zum Maschinenraum.
Feuerlöschgeräte wurden bereitgestellt.

Die ›St. Louis‹ befand sich jetzt fast zwei Wochen auf See. Am Mittag des 8. Juni, einem Donnerstag, näherte das Schiff sich wieder der Inselgruppe der Bermudas und jener Stelle, an der auf der Hinfahrt der alte Professor Weiler in der See bestattet worden war und der Aufwäscher Leonid Berg Selbstmord verübt hatte. Das Wetter war klar und heiß, die See bewegt, mit lauter kleinen Schaumköpfen. Aber die Passagiere hatten keine Augen mehr dafür. Wolfgang Philippi, damals 18 Jahre, heute in Santiago de Chile, erinnert sich:

»Unsere ganze Hoffnung waren die Telegramme. Jeden Tag wurde dafür an Bord gesammelt. Wir alle hatten nicht mehr viel Geld, und wir versuchten, die Sachen, die wir auf der Hinreise gekauft hatten, wieder zu verkaufen, um die Telegramme bezahlen zu können. Sie gingen in alle Welt. An den Präsidenten Roosevelt, an das englische Königspaar, das sich gerade in Amerika aufhielt, an bekannte Persönlichkeiten von Presse und Rundfunk. Antworten liefen ein. Aber keine hatte einen positiven Wert; sie waren immer nur wie Beruhigungstropfen für die jeweils nächste Nacht.«

Paul Bendowski, Borddrucker und -fotograf:»Ich fuhr fünfzehn Jahre zur See, aber das war noch nie vorgekommen; mir gingen die Telegrammformulare aus, die wir mitbekommen hatten, so viel wurde telegrafiert. Wir druckten immer neue, primitive Formulare. Nachher zu Hause bekam ich von der DEBEG, der ›Deutschen Betriebsgesellschaft für drahtlose Telegrafie‹, 50 Reichsmark Belohnung.«

»Die Stimmung war verzweifelt«, sagt Frau Hilde Herz, Frau eines Bankiers aus Wittenberge, die heute in London lebt.»Es hieß, daß ein Telegramm gekommen sei von Goebbels, daß wir zurück nach Hamburg könnten und daß uns nichts geschehen würde. Aber niemand wollte zurück. Und viele wollten lieber über Bord springen. Wir waren alt, und ich dachte, was soll uns geschehen. Mein Mann war so gleichmütig, und ich dachte, so wie es ihm gehen wird, so wird es dir gehen. Solange wir zusammenbleiben, auch im Tod, werden wir es ertragen.«

Und Eugen Cohn berichtet:»Ich bewunderte nur den Kapitän, der wirklich zwischen allen Stühlen saß und es jedem recht machen sollte. Den verschiedenen Komitees, die an unserer Rettung arbeiteten, seiner Reederei und seinen eigenen Passagieren. Es war eine harte Aufgabe, denn so, wie die Stimmung war, konnte jetzt alles passieren. – Von Kuba zurückgewiesen, unerwünscht, sahen wir unsere letzte Hoffnung in Amerika.«

Mit Einwilligung des Kapitäns hatte Herbert Manesse, ein Mitglied des Bordkomitees, ein Telegramm an die amerikanische Nachrichtenagentur UP gesandt:

DIE 907 JÜDISCHEN FLÜCHTLINGE AN BORD DER ›ST. LOUIS‹
BETETEN HEUTE GEMEINSAM, DASS EIN GÖTTLICHER BEI-

STAND IHNEN IRGENDWO EIN STÜCK ERDE GIBT, IN DEM SIE ZUFLUCHT FINDEN.
JETZT SIND ES GENAU ZWÖLF TAGE HER, DASS WIR ZUM ERSTEN MAL HAVANNA SAHEN. DIE PASSAGIERE SIND VERZWEIFELT.
EIN KOMITEE DER PASSAGIERE VERSUCHT DURCH TÄGLICHE BEKANNTMACHUNGEN DIE MORAL IHRER MITPASSAGIERE ZU STÄRKEN, ABER DIESE AUFGABE WIRD IMMER SCHWIERIGER, DA KEINE NEUEN NACHRICHTEN EINGEHEN.
BITTE HELFEN SIE UNS, DASS WIR AUSSERHALB EUROPAS LANDEN DÜRFEN, DAMIT DIESE SCHRECKLICHE IRRFAHRT EIN ENDE FINDET UND GRÖSSERES UNHEIL VERHÜTET WIRD.
MIT VERTRAUEN AUF GOTT UND DIE BEWÄHRTE GROSSZÜGIGKEIT AMERIKAS ERWARTEN WIR STÜNDLICH EINEN BESCHEID.

Vor allem Dr. Max Warburg, Bankier und Vorstand des JDC (Joint Distribution Committee) in New York bemühte sich, die Erlaubnis zur Aufnahme der Flüchtlinge zu erhalten. Ein bekannter amerikanischer Strafverteidiger, Bernhard Sandler, hatte an den Kongreß in Washington appelliert und um ein zeitweiliges Asyl der Passagiere der ›St. Louis‹ gebeten. Er selbst hatte den Kapitän Schröder davon unterrichtet und ihm telegrafiert:

UNTER INTERNATIONALEM RECHT HABEN SIE WEITGEHENDE BEFUGNIS, DAS SCHICKSAL IHRER PASSAGIERE ZU BESTIMMEN. BITTE ANKERN SIE INTERNATIONALE ZONE BEDLOES, NEW YORK. WIR VERSPRECHEN, FÜR ALLE KOSTEN AUFZUKOMMEN.

Als das New Yorker Büro der Hamburg-Amerika-Linie auf Bitten Schröders sich an Sandler wandte, konnte er jedoch die Garantie nicht geben, für die Kosten aufzukommen. Der Direktor Schroeder vom New Yorker Hapag-Büro, 57 Broadway, berichtete laufend nach Hamburg. Die Nachfrage für die Vergnügungsfahrten der ›St. Louis‹, die Ende Juni von New York aus stattfinden sollten, hatte in den letzten Tagen immer mehr nachgelassen; niemand buchte mehr für das Schiff. Direktor Schroeder schreibt an den Vorstand der Hapag in Hamburg in einem Brief vom 7. Juni:

Wir legen den Presseberichten eine Seite aus der gestrigen ›New York Herald Tribune‹ bei, auf der Sie neben unserer Anzeige über die Vergnügungsfahrten der Dampfer ›Columbus‹ und ›St. Louis‹ Fotografien und Artikel finden, die die Lage der Passagiere an Bord der ›St. Louis‹ recht anschaulich beschreiben.

Wir können nur hoffen, daß es schließlich doch noch gelingen möge, die Passagiere irgendwo zu landen, da sich eine Rückkehr nach Deutschland meines Erachtens ungünstiger für uns auswirken würde als eine Störung des Programms der Vergnügungsfahrten.

Und in einem anderen Brief:

Wie schon aus dem Umfang der Presseberichte zu ersehen ist, hat die Sache sich zu einem Fall von größtem Interesse für die Presse entwickelt, und fast durchweg werden die Berichte auf den ersten Seiten der Blätter veröffentlicht. Inzwischen trafen auch Bilder, teilweise Radiofotos ein.

In Deutschland erfuhr man von alledem nichts. Und das deutsche Nachrichtenbüro wies am 8. Juni alle Redaktionen an:

ÜBER DIE BEVORSTEHENDE RÜCKKEHR DER VON KUBA NICHT ZUGELASSENEN EMIGRANTEN DARF NICHT BERICH-TET WERDEN.

In Amerika und in anderen Ländern aber wanderten die Meldungen über die ›St. Louis‹ auf die ersten Seiten der Zeitungen. »Heute verhüllt unsere Göttin der Freiheit ihr Gesicht vor Scham«, schreibt der New Yorker ›Daily Mirror‹ am 6. Juni, »jene Freiheitsstatue, auf deren Sockel der Wilkommensgruß eingemeißelt ist:

›Schickt mir eure Müden, eure Armen ... schickt alle, die Heimatlosen und Umhergetriebenen, zu mir.‹

Flüchtlinge, die die Freiheit suchten, waren es, denen unser Land seine Größe verdankt. Wir sollten uns heute an diese historische Wahrheit erinnern, ehe wir das Schild ›Keep out‹ an unsere Freiheitsstatue hängen.«

Zum erstenmal hörte so die Welt von den Irrfahrten jener Schiffe, die mit ihren Menschenfrachten wie gespenstische Archen in der steigenden Flut umherirrten. Denn zur gleichen Zeit wiederholte sich die Odyssee der ›St. Louis‹ auf allen Weltmeeren, ohne daß man davon erfuhr.

Es sind nicht alles Luxusschiffe wie die ›St. Louis‹, und nicht alle haben einen Kapitän wie Gustav Schröder. Es sind Schiffe, die – überall abgewiesen – seit Monaten umherirren, Schoner, Fischkutter und alte ausgediente Frachtdampfer. Die Menschen liegen eingepfercht in den Kielräumen, ohne Trinkwasser, Typhus an Bord. Zwischen den Schwarzmeerhäfen Sulina und Tulcea liegen seit vielen Wochen fünf überladene Flußdampfer. An Bord befinden sich über 3000 jüdische Emigranten aus Wien und wissen nicht wohin. Es sind jugoslawische, rumänische und ungarische Schiffe.

In drei kleinen neuen Zollbuden in Constanta hausen seit drei Wochen 152 österreichische Juden, die Dachau entronnen sind.

Im Hafen von Mangalia liegt die ›Marmara‹ mit 500 deutschen Juden an Bord.

Auf der Reede von Istanbul ankert die ›Rim‹. Keiner darf an Land. Mit 450 Passagieren hat das Schiff Constanta verlassen. Jetzt werden 115 überzählige Passagiere festgestellt; sie haben das Schiff schwimmend oder in kleinen Booten erreicht.

Vor der Küste Palästinas kreuzen Dutzende von Schiffen und warten auf eine Chance, ihre Passagiere abzusetzen.

Da ist ein griechischer Schoner, die ›Panagia Correstrio‹, das Fischerboot hat eine normale Besatzung von sechs Mann. Jetzt verbergen sich 180 unter ihrem Deck.

Da ist die ›Frossoula‹, 1000 BRT groß, unter der Flagge Panamas, die eine der furchtbarsten Fahrten macht. 650 Menschen sind an Bord. Im Schiff wimmelte es von Ratten. Sie werden mit Zyankaligasen getötet. Die toten Ratten bleiben liegen, und ein paar Menschen sterben an den Gasen. Drei Monate dauert die Odyssee; sie endet vorläufig in der Quarantänestation von Beirut.

Die ›Assimi‹ fährt ebenfalls unter der Flagge Panamas. Auf dem 722 BRT großen Schiff befinden sich 270 deutsche Juden; 36 Tage dauert ihre Fahrt; sie endet damit, daß die Engländer den Kapitän festsetzen.

Ein Schwede, die ›Ossian‹ hat 424 Juden aus Danzig heimlich auf Kreta gelandet.

700 jüdische Passagiere der ›Astier‹ mit Sichtvermerken für Palästina sind auf der griechischen Insel Dia, wo der Kapitän sie abgesetzt hat, in den Hungerstreik getreten.

Und da ist die ›Usarama‹ ein 7775-BRT-Schiff der Deutsch-Ostafrika-Linie. Sie läuft am 25. April von Ham-

burg aus und landet Ende Juni in Shanghai, 500 Juden an
Bord.

Wenn alle Häfen verschlossen sind, machen die Schiffe sich
auf den langen Weg nach Shanghai. Shanghai ist der einzige
Ort auf der Welt, der die Einreise ohne Einschränkung erlaubt. 20 000 Juden sind bereits in der Stadt. Aber Shanghai
ist das Ende. Das Elend ist furchtbar, das Klima ist grausam.
Sie haben kein Dach über dem Kopf und keine Möglichkeit
zu arbeiten.

Die Namen dieser Schiffe sind Legion. Sie heißen ›Cap
Norte‹, ›Cairo‹, ›Monte Olivia‹, ›Mendoza‹, ›SS Königstein‹,
›General Artigos‹.

Namenlos ist das Schicksal ihrer Passagiere. Sie sind alle irgendwo gestrandet, sind umgekommen, haben überlebt.
Aber man weiß nur wenig von ihnen.

Nur eine Geschichte wird laut werden, wie ein Fanal. Die
Geschichte der ›St. Louis‹.

In der Nacht zum Freitag, dem 9. Juni, fiel für die Passagiere
der ›St. Louis‹ die Entscheidung: Amerika lehnte ab, die
Flüchtlinge aufzunehmen.

»Ich erwachte bei Sonnenaufgang, in meinem Ledersessel
sitzend«, hat Schröder es beschrieben. »Leider war es nicht
nur ein Alptraum, daß ich mit 900 verzweifelten Passagieren,
die kein Land auf der ganzen Welt aufnehmen wollte, mitten
auf dem Atlantik herumfuhr. Und ich empfand ein Unbeha-
gen, als mir klar wurde, daß ich die Disziplin nun nicht mehr
mit der Hoffnung auf eine Landung im Westen aufrechter-
halten konnte.«

Präsident Roosevelt hatte es abgelehnt, alle an ihn selbst
gerichteten Bitten zu beantworten. Er erklärte, daß der Fall
der ›St. Louis‹ wie jeder andere Routinefall an die Immigrationsbehörde weitergeleitet werden müsse. Die Immigra-

tionsbehörde berief sich darauf, keine Instruktionen zu haben. Und in Washington erklärten offizielle Stellen, der einzige Schritt, den die Vereinigten Staaten übernehmen könnten, sei getan: Das ›Zwischenstaatliche Komitee für Flüchtlinge‹ in London habe bereits ein Ersuchen an die deutsche Reichsregierung weitergeleitet, keine Flüchtlinge mehr ausreisen zu lassen, wenn die Behörden nicht absolut sicher seien, daß sie in ihrem Bestimmungsland an Land gehen dürften.

Schröder berichtet: »Ich mußte den Passagieren jetzt reinen Wein einschenken über die Aussichtslosigkeit einer Landung in Amerika, die durch die während der letzten Nacht eingelaufenen Telegramme endgültig feststand. Zwar war in der vergangenen Nacht unter den Telegrammen auch eine Nachricht vom *Joint* eingegangen. ›Wir tun weiter alles Menschenmögliche, um euch zu helfen. Wir bitten euch, den Mut aufrechtzuerhalten und versichert zu sein, daß alle unsere Organisationen hier und im Ausland Tag und Nacht jede Minute für euch weiterarbeiten. Wir stehen mit den entsprechenden Organisationen und Persönlichkeiten in der ganzen Welt in Verbindung.‹

Aber ich wußte, daß in diesem Augenblick niemand mehr Notiz von diesem Telegramm nehmen würde.«

Zwei Stunden später betrat Kapitän Schröder das Kartenzimmer. Der Zweite Offizier war dabei, den Standort des Schiffes zu errechnen. Schröder hatte die letzten 24 Stunden die ›St. Louis‹ östlich der Bermudas kreuzen lassen, um sich nicht zu weit von New York zu entfernen. Jetzt beugte er sich über die Karten, und sie errechneten den neuen Kurs. Es war der Kurs auf den Ärmelkanal. Der Zweite sah ihn an, aber er sagte nichts.

Die Brücke lag im hellen Licht, das durch die breite Fensterwand hereinströmte. Franz Kritsch stand breitbeinig am

Steuer in kurzen Khakihosen, mit einem weißen Verband um die Waden. Der 5ojährige litt an Krampfadern, und er machte jetzt doppelten Dienst, seitdem die Brücke Tag und Nacht bewacht wurde. Schröder trank den Kaffee, den ein Läufer ihm gebracht hatte. Um den Kapitän standen die Signalgasten, die Befehlsübermittler und der Wachhabende Offizier. Sie waren frisch rasiert und trugen saubere Uniformen, aber sie sahen alle abgespannt und übernächtig aus. Auf dem Weg hinunter ins Schiff kam Schröder an den Posten und Feuerwehrleuten vorbei. Auch sie hatten die gleichen müden Gesichter. Der Wachdienst, das Warten zerrte an ihren Nerven. Einen Augenblick trat Schröder in die Funkerbude und hörte auf das geisterhafte, helle, piepende Geräusch. Aber es waren keine neuen wichtigen Meldungen eingegangen.

Es war kurz nach acht Uhr, als der Kapitän vor dem Speisesaal zwei Männer des Bordkomitees traf, Dr. Joseph und Dr. Zellner. Er übergab ihnen die Telegramme. »Vom Westen ist nichts mehr zu hoffen«, sagte er.

Sie lasen und blickten ihn betroffen an. Ihre Gesichter waren grau. »Ich bitte das ganze Komitee um zehn Uhr zu mir«, sagte Schröder.

Dr. Joseph fand als erster die Sprache wieder. »Was wollen Sie den Passagieren sagen?«

»Lange läßt sich so etwas nicht geheimhalten. Ich werde ihnen die Wahrheit sagen müssen ...«

Dr. Zellner lehnte sich gegen die holzgetäfelte Tür. Seine Worte kamen mühsam: »Ich bin kein Feigling, Kapitän. Aber vor einer Fahrt durch die Nordsee habe ich Angst.«

»Ganz leise sagte ich: ›Ich auch‹«, erzählte Schröder.

7

»Wir wollen nicht zurück ... wir stecken das Schiff in Brand«

Die zunehmende Nervosität im Schiff trieb das Komitee schon vor zehn Uhr zum Kapitän. Es mußte inzwischen etwas von der Absage durchgesickert sein; denn noch während sie gemeinsam berieten, was zu tun sei, um die Passagiere zu beruhigen, geschah es. Aus dem Schiff drang ein undeutliches Geräusch zu ihnen. Es war sehr weit und gar nicht laut, aber es genügte, um sie erschreckt aufblicken zu lassen.

Minuten später wurde die Tür aufgerissen. Eine Sekunde stutzte der Erste Offizier vor der Versammlung. Dann sprudelte er förmlich heraus: »Ich glaube, es ist soweit, Kapitän. Das ganze Schiff ist in Aufruhr. Sie haben sich zusammengerottet ...«

Die Männer des Bordkomitees saßen wie angewurzelt. Schröder stand auf. Hinter ihm schlug der Stuhl zu Boden. Plötzlich redeten alle durcheinander. »Ruhe!« befahl Schröder. »Sie bleiben hier. Sie verlassen diesen Raum nicht ...« Er ging auf den Ersten Offizier zu. »Und Sie bleiben hier bei ihnen.« Er war schon an der Tür, als er noch einmal umkehrte, um seine Mütze zu holen. Er lächelte.

»Aber ich hatte Angst«, sagte Schröder später. »Ich mußte sofort an das Sabotagekomitee denken. Diese verzweifelten jungen Männer waren zu allem fähig.« Schon von weitem hörte Kapitän Schröder das Getrampel und den Tumult. In dichten Haufen stürmten die Männer zur Haupttreppe herauf; es waren Hunderte. Auf dem obersten Vorplatz des Treppenhauses trat er dem lärmenden Haufen entgegen. Er hatte die Posten auf der Brücke angewiesen, nicht einzugreifen. Die Brücke war im Verteidigungszustand. Bewacht von nervösen, übermüdeten Posten. Die Männer durften auf keinen Fall bis zur Brücke vordringen.

»Halt! Wohin wollen Sie?« Seine helle Stimme übertönte alles. Einen Augenblick stutzten sie. Die Verblüffung darüber, daß ihnen ein Mann, ein kleiner schmächtiger Mann, so bestimmt entgegentrat, war so groß, daß das Geschrei verstummte. Aber die Verblüffung dauerte nicht lange. Sie umringten ihn, und alle schrien durcheinander.

»Wir wollen nicht zurück!« – »Wir zwingen ihn umzukehren!« – »Er soll sich sofort entscheiden, oder wir stecken das Schiff in Brand!« – »Keine leeren Versprechungen mehr!« Das waren die Worte, die fielen. Schröder war machtlos. Keiner hörte mehr auf ihn. Sie stießen ihn zur Seite.

Die Hilfe kam im letzten Augenblick. Sie kam von einem Mann, von dem der Kapitän sie am wenigsten erwartete. Schröder erkannte ihn nicht sogleich. Er hörte nur, wie jemand neben ihm plötzlich alle überschrie.

»Ruhe! Laßt den Kapitän reden! Hört ihn an!«

Es schien eine Ewigkeit, bis es ruhiger wurde. Schröder ordnete seine Uniform und blickte sich nach dem Rufer um. Er schaute in ein Gesicht mit einer einfachen Hornbrille und dunklen, abweisenden Augen darunter.

»Sie?« sagte er überrascht.

Arthur Heymann nickte. Der Ausdruck seines Gesichts blieb trotzig, als stehe er wider seinen Willen dem Kapitän bei. Die Menge war stumm zurückgewichen und wartete.

»Sie warteten schweigend«, erzählte Schröder. »Ich sagte ihnen, daß eine Landung außerhalb Deutschlands schon irgendwie ermöglicht würde. Ich versprach es, obwohl ich nicht wußte, wie. – Ich bat sie dringend, nichts Unüberlegtes zu unternehmen, um diese Chance nicht zu verderben. Ich forderte sie auf bekanntzumachen, daß sich alle Passagiere zu einer Versammlung in der großen Halle einfinden sollten. Ich weiß nicht, ob ich sie überzeugt hatte. Aber sie gingen ...

Die Männer vom Bordkomitee atmeten auf, als ich zurückkam und berichtete. Wir begaben uns hinunter in die Halle, und dann standen wir vor neunhundert im wahrsten Sinne des Wortes Heimatlosen. Und mich ergriff selber ein Gefühl der Heimatlosigkeit.

Ich bat den Vorsitzenden des Bordkomitees, Dr. Joseph, zu ihnen zu sprechen. Er erfüllte seine Aufgabe wie eine Mission. Noch heute bedaure ich, seine Worte nicht aufgeschrieben zu haben.

›Was auch immer geschieht‹, rief er, ›vergeßt nie, die ganze Welt schaut auf uns!‹

Und wie damals, als Berenson zu ihnen gesprochen hatte, im Hafen von Havanna, gingen sie auch jetzt wortlos zurück in ihre Kabinen. Ich aber hatte ihnen ein Versprechen gegeben. Ein Versprechen, von dem ich immer noch nicht wußte, wie ich es verwirklichen sollte ...«

Der rettende Gedanke kam Schröder in der folgenden Nacht. Er elektrisierte ihn so, daß er sich sofort anzog. Als er seinen Plan überlegte, wurde ihm klar, daß er nichts anderes vorhatte, als was die Männer vom Sabotagekomitee auch planten ...

Im Kartenzimmer war um diese Zeit niemand. Die kleine Lampe brannte. Er kramte in den Kartenfächern, bis er gefunden hatte, was er suchte. – Eine Karte von der Südküste Englands. Er faltete die Seekarte zusammen und ging direkt

den Niedergang ins Schiff hinunter. Es war erst kurz nach
vier Uhr. Er fuhr mit dem Fahrstuhl bis zum D-Deck. In der
Bordküche war die Frühschicht schon an der Arbeit. Schröder ging weiter, dem immer lauter werdenden, stampfenden
Geräusch der Schiffsmaschinen nach. Er klopfte an der Tür
des Leitenden Ingenieurs.

Der Leitende Ingenieur (LI) war ein Frühaufsteher. Er saß
an dem schmalen Tisch vor seiner Koje, in weißer Hose und
weißem Unterhemd. Schröder zog die Tür hinter sich zu.
»Bleiben Sie sitzen«, sagte er.

Der LI hielt eine große Henkeltasse mit tiefschwarzem
Kaffee zwischen den Händen. »Soll ich Ihnen auch Kaffee
bringen lassen?« fragte er. »Jetzt ist er ganz frisch.«

»Vielleicht später.« Schröder sah sich im Raum um. Die
Kabine war heiß und ungelüftet, und man spürte, daß sie direkt neben dem Maschinenraum lag. »Können wir hier un-
gestört reden?« fragte Schröder.

Der LI ging an das Telefon. »Gehen Sie auf volle Touren«,
sagte er in die Muschel. Das Geräusch der Maschinen wurde
dunkler und dröhnender.

»Moment.« Schröder nahm ihm den Hörer aus der Hand.
»Nicht, daß sie auf der Brücke stutzig werden. Sonst gebe
nur ich die Befehle.« Er verständigte den Wachhabenden.

»Jetzt können wir schreien«, sagte der LI. Aber sein Gesicht wurde ernst, als der Kapitän die Karte auf dem Tisch
ausbreitete. Schröder strich sie glatt und stellte die Tasse auf
die sich aufrollende Ecke. Sein Zeigefinger fuhr die Südküste
Englands entlang zwischen Plymouth und Dover. »Ich habe
einen Plan«, sagte er, »und ich brauche Ihre Hilfe. Bis jetzt
haben wir eine Katastrophe verhindern können, aber wenn
wir erst die Nordsee erreichen ... dann werden wir nichts
mehr ausrichten können, nicht gegen neunhundert Passagiere, die zu allem entschlossen sind.«

Der LI nickte stumm. Er wischte sich mit dem Handrücken den Schweiß von der Stirn. »In sechs Tagen werden wir Cap Lizard passieren«, fuhr Schröder fort. »Ich bin entschlossen, die Passagiere an Land zu setzen, falls sich bis dahin keiner ihrer erbarmt.« Der LI starrte auf die Karte. Das stampfende Geräusch der Schiffsmotoren füllte den Raum.

»Wir werden bei Ebbe auf Sand laufen und alle Passagiere mit den Booten landen«, erklärte Schröder. »Wir selbst werden später bei Flut und mit Schlepperhilfe leicht wieder freikommen ...«

»Ja, gewiß«, der LI wandte keinen Blick von der Karte, »das wird keine Schwierigkeiten machen. Es gibt mehrere Stellen, an denen die Küste flach ist.« Er schaute Schröder gerade ins Gesicht, fragend und zweifelnd. »Aber haben Sie einen Grund, Kapitän. Ich meine, wie wollen Sie das rechtfertigen?«

Ein Schatten ging über Schröders Gesicht. »Es ist alles schlimm genug«, sagte er mit plötzlicher Heftigkeit. »Ich werde es nicht noch schlimmer machen.« Man sah ihm die durchwachten Nächte und die große Verantwortung an.

Der LI blickte nicht auf. »Und was habe ich dabei zu tun ...«

»Wir werden ein Motorhavarie vortäuschen, einen Schiffsbrand markieren und die Leute an Land setzen – der Motorschaden und der Brand, das ist Ihre Sache. Wir werden den Brand nachher heldenmütig löschen und mit einem Motor weiterlaufen zu einem Nothafen. Schiffbrüchige müssen sie aufnehmen.« – Sie besprachen den Plan in allen Einzelheiten. Sie suchten drei Plätze an der Südküste Englands aus, die je nach den Gezeiten in Frage kamen. Sie beschlossen, nur ein kleines Kommando einzuweihen, und das erst im letzten Augenblick.

»Der LI gab mir noch manchen guten Rat bei der Ausarbeitung des Planes«, hat Schröder später über diese Unterhaltung berichtet. »Er hat darüber verabredungsgemäß anderen gegenüber nie ein Wort verloren. Ich fühlte mich wie befreit. Der Plan gab mir in den kommenden Tagen die Ruhe und Besinnung, um mit dem fertig zu werden, was noch folgte …«

Am Nachmittag dieses 10. Juni, einem Sonnabend, erreichten Kapitän Schröder zwei Nachrichten. Die eine kam aus New York vom dortigen Büro der Hapag:

FÜR SIE PRIVAT UND STRENG VERTRAULICH: DR. MAX WARBURG NEW YORK VERHANDELT MIT LORD READING ÜBER EINE LANDUNG IN ENGLAND.

Die andere, aus Hamburg von der Reederei:

VORBEREITEN LANDUNG ENGLAND SIND IN KONTAKT MIT BRITISCHEN BEHÖRDEN. STELLEN SIE FEST WIE VIELE PASSAGIERE IM BESITZ ENGLISCHER VISA SIND STOP HABEN NEW YORK FÜR DR. MAX WARBURG MITGETEILT, DASS DIE MEISTEN PASSAGIERE AFFIDAVIT FÜR DIE USA BESITZEN.

Die letzte, geringe Hoffnung für die Flüchtlinge war es, einen Hafen in der Alten Welt zu finden. Aber sie erschien Schröder so gering, daß er es nicht wagte, den Inhalt der Telegramme seinen Passagieren bekanntzugeben.

»Die Sache wurde für uns allmählich immer kritischer«, sagt der damalige Direktor der Hamburg-Amerika-Linie, Claus-Gottlieb Holthusen, dem die ›St. Louis‹ für diese Fahrt unterstand. »Ich war nach der Abfahrt des Schiffes ein paar

Tage in den Taunus gefahren. So hörte ich zum ersten Mal
von dem Drama über Radio Luxemburg. Ich habe mich dann
in mein Auto gesetzt und bin noch nachts nach Hamburg gefahren, immer das Radio eingeschaltet. Die Berichte des
Kapitäns wurden immer besorgniserregender. Und es war
klar, wenn das Schiff erst den Kanal erreicht hatte, dann
mußte eine Entscheidung fallen. Und wenn niemand die
Menschen aufnahm, dann mußten sie nach Cuxhaven gebracht werden.«

Inzwischen hatte sich in Berlin das Auswärtige Amt eingeschaltet, das im Ausland gegen die Juden hetzte, andererseits
aber peinlich darauf bedacht war, daß kein Schatten auf das
Amt falle.

Das Auswärtige Amt, gezeichnet Legationsrat Schum-
burg, in einem Brief an die Hapag:

*... darf ich Ihnen mitteilen, daß die Reichszentrale für Jü-
dische Auswanderung (Geheime Staatspolizei, Regie-
rungsrat Lischka, Berlin SW 11, Prinz-Albrecht-Straße 8,
Tel.: A-2-0040) inzwischen mit der Angelegenheit bekannt
gemacht worden ist. Die Berichte der deutschen Gesandt-
schaft in Havanna sind heute mit Schnellbrief der Reichszentrale übersandt worden. Ich würde es für zweckmäßig
halten, wenn Sie sich unmittelbar mit Herrn Lischka in
Verbindung setzen würden, um derartige, auch im außen-
politischen Interesse äußerst unerwünschte Resultate der
Organisationen von Auswanderertransporten zu verhindern.*

Die Gestapo wurde deutlicher: Die Hapag solle sehen, daß
man die Juden ohne viel Aufhebens gefälligst woanders los-
werde. Wenn sie ins Reich zurückkehrten, so würde man sie
in einem KZ internieren müssen.

»Es gab mir kein Mensch mehr die Hand«, sagt Direktor
Holthusen. »Es ging keiner mehr in mein Zimmer. Und
sprach man überhaupt mit mir, so hieß es nur verwundert:
>Was? Sie sind immer noch da?<
Es gab nur noch die Möglichkeit, die Passagiere der >St.
Louis< hier in Europa unterzubringen.«
Holthusen rief Tag für Tag bei den jüdischen Flüchtlingskomitees in den Hauptstädten der westlichen Welt an, und er
bat sie, bei ihren Regierungen vorzusprechen. Vom >Hilfs-
verein< der Juden in Deutschland kamen Herr Löwenstein
und Herr Chassel nach Hamburg, um zu bitten, dem Schiff
die Order zu geben, langsam zu fahren. Aber die >St. Louis<
hatte nur noch für einige Tage Treibstoff. Der Vorsitzende
der europäischen Exekutive des großen amerikanischen
Hilfsverein JDC war Morris C. Troper. In der Rue de Tal-
leyrand 19 in Paris hatte er sein Büro. Seitdem die >St. Louis<
sich Europa näherte, tat auch er alles, um die Regierungen zu
bewegen, sich für das Los der >St. Louis< zu interessieren.
Das amerikanische Hilfswerk unterstützte seine Anstren-
gungen. Das JDC versprach, was es auch schon seinerzeit
dem kubanischen Präsidenten zugesagt hatte:
Für den Unterhalt der >St. Louis<-Passagiere in jedem be-
liebigen Land, das sie aufnehmen würde, aufzukommen.
Und zusätzlich eine Sicherheitsbürgschaft von 500 Dollar
für jeden zu übernehmen.
Dennoch kam Morris Troper in seinen Verhandlungen
nicht weiter. Über die Gründe schreibt das offizielle Ge-
schichtswerk über die Rettungsaktion des JDC:»Seine Bitte
wurde von der Untätigkeit der USA untergraben, denn die
>St. Louis< hatte ja vor Miami und anderen Häfen vor Anker
gelegen, und vier Fünftel der Passagiere würden ja letzten
Endes doch in den USA landen (von den 907 Passagieren besaßen 743 ein Affidavit der Vereinigten Staaten, 13 Passagie-

re besaßen ein reguläres Visum für England, 33 eine Sonder-
erlaubnis).

Der Leiter der Sûreté Nationale in Paris drückte vorsichtig aus, daß es doch ein Jammer sei, daß unsere amerikanischen Freunde nicht in der Lage seien, die Passagiere in einen
ihrer Häfen zu dirigieren, anstatt sie uns so warm ans Herz
zu legen.«

Da geschah etwas, was die Menschen wachrüttelte. Es war
eine Zeitungsmeldung. Eine amerikanische Zeitung brachte
sie als erste. Andere übernahmen sie. Die Meldung erschien
in fast allen Zeitungen, in großen, fetten Balkenüberschriften
auf der ersten Seite:

SELBSTMORD AUF DER ST. LOUIS

Die Meldung besagte: 200 Männer an Bord des Schiffes
haben einen Pakt geschlossen. Sie haben geschworen, vor der
deutschen Küste geschlossen ins Meer zu springen. Doch das
Rätselhafte war: Es hat diesen Pakt in dieser Form niemals
gegeben. Es war eine Erfindung, die Erfindung eines jungen
Mannes, der klar erkannt hatte, daß man der christlichen
Nächstenliebe auch das menschliche Elend am besten ver-
kaufen kann, wenn es in schreiende Reklame verpackt wird.
Der Erfinder war ein Passagier der ›St. Louis‹, Arthur Israel
Heymann.

»Es muß am 6. oder 7. Juni gewesen sein«, erinnert sich Jan
Lüttgens, der Klarinettist der Bordkapelle. »An einem der
Tage, an dem feststand, daß Amerika die Passagiere der ›St.
Louis‹ nicht aufnehmen würde. Es war an einem dieser Tage,
als Stella mir sagte, ihr Bruder suche mich.«

Arthur Heymann war in seiner Kabine. Vor ihm auf dem
Tisch lagen einige der primitiven Funkformulare, die, da die

offiziellen ausgegangen waren, in der Borddruckerei gedruckt wurden.

»Wie immer machte er nicht viele Worte«, berichtet Jan Lüttgens weiter. »Er reichte mir eines der Telegramme, die anderen Entwürfe zerriß er. Ich las den Text. Ich war nicht einmal überrascht. Im ganzen Schiff war längst bekannt, daß eine Abordnung der Passagiere dem Kapitän gesagt hatte, lieber würden sie sterben, als nach Deutschland zurückzukehren. Es sah Arthur Heymann ähnlich, daß er sie zu dem Schwur veranlaßt hatte, gemeinsam in den Tod zu gehen.

Aber so war es gar nicht. In seiner spöttischen Art, die nur seine tiefe Verbitterung zeigte, sagte er mir: ›Ich verlasse mich nicht auf Menschen. Wer weiß, wenn es darauf ankommt, dann werden es vielleicht nur zwanzig oder dreißig sein, die Ernst machen. Die anderen werden sich brav einsperren lassen und noch danke schön sagen.‹

Ich höre noch jedes seiner Worte. ›Kein Mensch wird eine Hand für uns rühren. Sie werden uns zurückbringen. Und die Welt wird schweigen, so wie sie bisher geschwiegen hat.‹

So war er auf die Idee mit dem Selbstmordpakt gekommen. Er kannte einen amerikanischen Journalisten, der die Meldung lancieren sollte. Ich sollte sie im Telegrafenbüro aufgeben und dafür sorgen, daß das Duplikat verschwand. Ich habe nicht gewagt, es zu tun. Ich fand es unauffälliger, wenn er, ein Passagier, selber damit hinginge. Ich habe nur mit dem zweiten Funker gesprochen, mit Baldur Bornholdt. Ich habe ihn mit Arthur Heymann zusammengebracht, und sie haben es dann ausgehandelt.«

Der ›Selbstmordpakt‹ erregte die Gemüter. Je mehr sich die ›St. Louis‹ Europa näherte, um so mehr Stimmen erhoben sich, die Passagiere aufzunehmen. In Holland richteten Pro-

fessor Cohen und Frau Gertrude Weyssmüller-Meyer einen
Appell an die Königin und an den Ministerpräsidenten. In
Paris forderten die französischen Abgeordneten Seroy, Bou-
let, Serre, der ehemalige Außenminister Delbos und der
frühere Arbeitsminister Ramadier die Regierung auf, die
Flüchtlinge aufzunehmen. In London verhandelten Harold
Linder und Dr. Moritz Eppstein von der ›Reichsvertretung
der Juden‹.

Aber die belgische Regierung war die erste, die handelte.
Am Samstag, dem 10. Juni, läutete das Telefon in der Brüs-
seler Wohnung des Präsidenten des jüdischen Flüchtlingskomitees, Max Gottschalk. Es war kurz nach Mitternacht. Das Fräulein vom Amt kündigte ein Ferngespräch an:
aus Paris.

»Ich erinnere mich, als sei es gestern«, berichtet darüber
Max Gottschalk, heute noch Präsident der belgischen jüdischen Gemeinde. »Morris Troper war am Apparat, und in
einem Gespräch, das über eine halbe Stunde dauerte, schilderte er die Situation auf dem Schiff. Obwohl die ›St. Louis‹
nur eines von vielen unglückseligen Flüchtlingsschiffen war,
war die Fahrt des Schiffes durch die Presse zum ersten Mal
besonders bekanntgeworden. Troper sagte mir, daß er bereits
mit den Regierungen von Frankreich, England und Holland
verhandele. Man habe im Prinzip zugesagt, die Passagiere
aufzunehmen – aber keines dieser Länder wolle sie in einem
ihrer Häfen an Land lassen.

Die verschiedenen Vertreter hatten angedeutet, ganz
inoffiziell natürlich, wenn erst einmal ein Land den Flüchtlingen Asyl gewähre, würden die anderen Länder auch einen
Teil von ihnen aufnehmen. Morris Troper bat mich, bei den
belgischen Behörden vorzusprechen. Ich versprach ihm, alles zu tun, was in meiner Macht stand.«

Der nächste Tag war für die Familie Gottschalk ein großer

Feiertag. Der Sohn feierte seinen ›Bar-Mizwa‹, seinen dreizehnten Geburtstag, nach jüdischem Glauben den Eintritt in
das Mannesalter. Die Synagoge Brüssels, in der die Feier
stattfand, befand sich gegenüber dem Justizministerium.
Gottschalk beschloß, sofort den Versuch zu machen, den
belgischen Justizminister zu erreichen.

»Ich traf Paul Emil Janerson wirklich an«, erzählt Gottschalk, »und trug ihm meine Bitte vor. Die Belgier waren
über die Situation der Passagiere sehr gut informiert, und
trotzdem war Janerson erschüttert von den Tatsachen, die
ich ihm berichtete. Er hörte stumm und schweigend zu, dann
sagte er:

›Es muß etwas getan werden, und wir werden es tun.‹ Er
versprach, sofort den belgischen Ministerpräsidenten, Hu-
bert Pierlot, zu unterrichten.«

Worum der Präsident Kubas gefeilscht hatte, wozu Ame-
rika sich nicht durchringen konnte, worum Deutschland, das
diese Menschen schließlich hinausgejagt hatte, sich einfach
nicht mehr kümmerte – die belgische Regierung und König
Leopold III. brauchten dazu nur eine Stunde. Gottschalk:
»Eine Stunde später rief Paul Emil Janerson mich zu Hause
an. Er gab mir die Zustimmung der belgischen Regierung, die
›St. Louis‹ in einem belgischen Hafen landen zu lassen. Das
Land erklärte sich bereit, 250 der Flüchtlinge aufzunehmen.
Um 12.30 Uhr konnte ich Morris Troper die Nachricht nach
Paris weitergeben.«

Sonntagnacht traf die Nachricht von Morris Troper aus Paris auf der ›St. Louis‹ ein. Das Wetter hatte sich verschlech-
tert, und das Schiff stampfte und rollte. Der Kapitän und die
Besatzung trugen ihre dunklen Uniformen. Die hellen Kleider und die Sommeranzüge der Passagiere waren in den Koffern verschwunden.

Morris Troper war vorsichtig. Er telegrafierte noch nichts von dem Entschluß der belgischen Regierung, da die offizielle Bestätigung noch fehlte. Er kabelte:

DER AMERIKANISCHE UND EUROPÄISCHE ›JOINT‹ HABEN GEMEINSAM DAS SCHICKSAL DER ›ST. LOUIS‹ IN DIE HAND GENOMMEN. DIE SEIT EINIGER ZEIT GEFÜHRTEN VERHAND-LUNGEN NEHMEN EINEN GUTEN FORTGANG. ICH HOFFE, IN DEN NÄCHSTEN 36 STUNDEN DIE ENDGÜLTIGE ENTSCHEI-DUNG KABELN ZU KÖNNEN. SAGEN SIE DEN PASSAGIEREN, SIE SOLLEN HOFFNUNGEN HABEN.

Dr. Joseph, der Vorsitzende des Bordkomitees, schreibt in seinen Aufzeichnungen:
»Seine Nachricht wurde sofort in einer Versammlung verlesen. Endlich ein klares Wort. Endlich nach wochenlangem Hin und Her ein Versprechen.«

Ebenso waren eine Anzahl von Privat-Telegrammen aus New York eingegangen. Ihr Inhalt bestätigte das Kabel aus Paris. So telegrafierte zum Beispiel der Staatssekretär Straus vom amerikanischen Innenministerium an einen an Bord befindlichen Freund:

ALLE TUN DAS ÄUSSERST MÖGLICHE, EIN ZEITWEILIGES ASYL IM AUSLAND ZU SICHERN.

Und Dr. Max Warburg kabelte:

HABE MIT MASSGEBENDEN LEUTEN GESPROCHEN. SIE KÖN-NEN VOLLKOMMEN BERUHIGT SEIN, DASS ALLES DENKBARE VERSUCHT WIRD.

Aber nicht alle glaubten an diese Versprechungen. »Wir waren zu oft getäuscht worden«, sagte der Passagier Eugen Cohn, »als daß wir noch glauben konnten. Unser Schicksal lag wieder in den Händen von Leuten, die uns schon zuvor enttäuscht hatten.«

Das Bordkomitee hatte Morris Troper geantwortet:

BITTE GEBEN SIE UNS TÄGLICH NACHRICHT, DAMIT WIR DIE PASSAGIERE BERUHIGEN KÖNNEN. HELFEN SIE! HELFEN SIE SCHNELL!

Das Trinkwasser an Bord wurde knapp, nachts wurden die Leitungen ganz gesperrt und auch am Tag einige Stunden. Der Proviant reichte nur noch einige Tage. Die Passagiere selbst hatten Kapitän Schröder den Vorschlag gemacht, die Rationen zu kürzen, um länger auf See bleiben zu können. Nur noch die Frauen und Kinder bekamen volle Rationen zugeteilt.

Am Montag kam keine Nachricht aus Paris. Das Schiff fuhr mit voller Kraft. Es antwortete nicht mehr auf private Funktelegramme. Es stand nur noch in Verbindung mit der Reederei. Die Stunden vergingen, und die Frist verstrich. Es schien schon wie ein unwirklicher Traum, daß sie noch vor einer Woche in der glühendheißen Bucht von Havanna gelegen hatten, tausende Meilen von Europa entfernt, beinahe wieder vereint mit ihren Angehörigen, am Anfang eines neuen Lebens. Ein Instinkt, der Instinkt der Gehetzten sagte ihnen, daß ihre Flucht noch nicht zu Ende sei. Die wirkliche Stimmung an Bord spricht aus dem Kabel, das Kapitän Schröder in dieser Nacht des 12. Juni nach Hamburg aufgab:

GEDULD DER PASSAGIERE IST ERSCHÖPFT. FRÜHER ODER SPÄTER, WENN KEINE HOFFNUNG MEHR IST, WERDEN AKTE

DER VERZWEIFLUNG UNVERMEIDLICH SEIN. DIE ZAHL DER
SELBSTMORDKANDIDATEN WÄCHST. AUCH DIE BESATZUNG
IST BALD AM ENDE IHRER KRAFT.
WERDEN FREITAG MORGEN CAP LIZARD PASSIEREN.

Bis zum Samstag, so hatte Schröder mit dem Leitenden Ingenieur besprochen, wollte er noch warten. Dann mußte er
seinen Plan ausführen.

Am Morgen des 13. Juni lief die Frist von 36 Stunden ab.
Aber aus Paris war keine weitere Nachricht eingetroffen. In
den Speisesälen, im Rauchzimmer, überall hatte man Radios
aufgestellt. Sie waren Europa so nahe, daß sie die Sender des
Kontinents gut empfangen konnten. Überall, wo die kleinen
schwarzen Volksempfänger standen, drängten sich die Passagiere.

»Und plötzlich kam eine Meldung, Belgien habe sich bereit erklärt, 250 Flüchtlinge aufzunehmen«, erzählt Frau
Hilde Herz. »Dann kam eine zweite Nachricht: Auch
Holland hatte sich bereit erklärt, 200 von uns zu nehmen.
Königin Wilhelmina selbst hatte zugestimmt. Wir saßen da
und hatten Angst, es zu glauben. Noch immer nicht kam das
angesagte Telegramm aus Paris. Und die Pessimisten waren
natürlich wieder obenauf.«

Spät am Abend traf die Nachricht von Troper ein. Schröder rief sofort das Bordkomitee zusammen.

»Die bang erwartete Nachricht ist eingetroffen«, notiert
Dr. Joseph, »Frankreich, Belgien und Holland sind bereit,
gemeinsam die ›St. Louis‹-Passagiere aufzunehmen.

Zwar ist man verwundert, daß England, auf das die meisten von uns gerechnet hatten, nicht genannt ist, aber das
konnte mit einem Irrtum in der Berichterstattung zu erklä-
ren sein.«

Aber es war kein Irrtum.

»Belgien, Holland und Frankreich haben ›ja‹ gesagt!«

An diesem 13. Juni mußte sich das Schicksal der Passagiere entscheiden«, berichtet Direktor Holthusen von der Hapag. »Drei Länder hatten ›ja‹ gesagt – unter der Bedingung, daß auch England zusagte. Aber aus London war keine Entscheidung zu bekommen. Ich rief fast stündlich dort an.«

Seitdem auch die Hamburger Gestapo-Dienststelle sich eingeschaltet hatte, ließ der Hapag-Direktor jedes seiner Telefongespräche anschließend sofort niederschreiben. So existiert auch eine Niederschrift des entscheidenden Gesprächs mit London um 11 Uhr am 13. Juni. Ein Gespräch mit *Whitehall 7331*, der Generalagentur der Hapag in London S. W. im Greener House, Haymarket. Die Gesprächspartner in London waren – laut Aufzeichnung – der Generalagent der Hapag in England, Neuerburg, und ›ein hoher Beamter des Home Office‹.

Dieser Beamte war Osbert Peak, Unterstaatssekretär im Innenministerium, der an diesem Nachmittag im Parlament die Entscheidung der Regierung über die Aufnahme der ›St. Louis‹-Passagiere verkünden sollte.

Zuerst meldete sich Neuerburg. Er stellte den Beamten nicht namentlich vor. Er sagte nur: »Bitte, beantworten Sie dem Herrn, der jetzt ans Telefon kommt, alle Fragen.«

Osbert Peaks erste Frage betraf die Landeerlaubnis der ›St.

Louis‹-Passagiere. Man spräche in London davon, daß die Reederei vielleicht selber schuld daran sei, weil man die Passagiere ohne gültige Papiere auf die Reise geschickt habe. Holthusen erklärte ihm die Vorgeschichte. Die Reederei war im Besitz einer schriftlichen Erklärung der Immigrationsbehörde von Kuba. Die Permits waren gültig. Dann kam die nächste Frage. Was für Passagiere die ›St. Louis‹ habe. »What kind of passengers?« Ärzte, antwortete Holthusen, Zahnärzte, Anwälte, gebildete Leute, viele ältere Leute und Kinder. Der Teilnehmer in London äußerte nur ein bestürztes: Oh! Nach einer Pause kam zögernd die Frage: Was nun geschehen solle? Was passieren würde, wenn die Passagiere nicht gelandet würden? – Und nach einem weiteren Zögern: Ob sie in ein Camp kämen?

Ein Camp – es war klar, was er meinte. Aber er sprach es nicht offen aus.

Der Mann in seinem Zimmer in Hamburg ahnte, was von seiner Antwort abhing. Er antwortete so deutlich, wie er konnte: »Die Leute haben alle keine Wohnungen, das ist das Problem. Es wird wohl nicht zu verhindern sein, daß sie irgendwo gesammelt untergebracht werden.«

Der Mann in London fragte, was dann mit ihnen geschehe? – Er fragte, als sei die Welt immer noch blind, als wüßte sie nichts von den Lagern und von den Toten. Er fragte, als hätte es das alles nicht gegeben: die Toten nach dem Reichstagsbrand, beim Röhmputsch, nach der Kristallnacht. Und als gäbe es nicht jene hunderttausend Zeugen, die wie eine verwirrte, ratlose Herde über Europa zogen und auf Schiffen die Freiheit suchten.

Das alles war geschehen unter dem Schweigen der Welt, während die Staatsmänner Hitler lächelnd die Hand drückten. Starben ein paar – so war es ein bedauerliches Versehen von untergeordneten Rowdys. Ein paar hundert Tote – das waren die Opfer einer neuen Idee. Und Tausende – eine bösartige Übertreibung, die nicht einmal ein Hitlergegner glaubte.

Und so fragte der Mann in London, als sei das alles nicht geschehen: »Und was passiert dann mit ihnen?« Und der Mann in Hamburg antwortete. »Ich würde Ihnen gern eine positive Antwort geben, aber ich kann es leider nicht.« – Sollte er mehr sagen, nachdem die ganze Welt geschwiegen hatte? Was wollte man ihm vorwerfen, ihm und den anderen, nachdem eine ganze Welt sich gefügt hatte?

Das war das Gespräch. Ein Gespräch drei Monate vor Ausbruch des Krieges. Ein Vierteljahr bevor die Falle endgültig zuschnappte und die anderen Länder viel Zeit haben würden, ihre Unterlassungssünden zu bereuen. Während an diesem Nachmittag in London das Parlament tagte – in jener Sitzung, in der Osbert Peak für die Regierung die Anfrage des ehrenwerten Labourabgeordneten aus Don Valley, Mr. Tom Williams, beantworten sollte – bereitete man sich in Hamburg auf das Schlimmste vor: auf ein Scheitern der Landung.

Im Hamburger Hafen lag ein Schlepper bereit; ein schnelles Schiff, ein Fahrzeug der Bugsier-Reederei, die ›Holstenau‹. In Zeitcharter ›zum Preis von 1800 Reichsmark pro Tag‹, wie die Bücher es ausweisen, inklusive Verpflegung für bis zu dreißig Mann Sicherheitsmannschaft.

Die ›dreißig Mann Sicherheitsmannschaft‹ gehörten einer Organisation an, die ihre eigenen Vorstellungen darüber hatte, wie man mit Juden verfuhr, die soviel Aufhebens um ihr Leben machten. Sie gehörten zur Gestapo. Die Hamburger Dienststelle hatte in Berlin die Erlaubnis eingeholt, der ›St. Louis‹ in den Kanal entgegenzufahren und außerhalb der

Dreimeilenzone an Bord zu gehen – sobald feststand, daß das Ziel des Schiffes Cuxhaven hieß.

In der Sitzung des Parlaments gab Mr. Peak in London am Nachmittag dann die Entscheidung des Innenministeriums bekannt: Auch Großbritannien nahm die Flüchtlinge auf.

»Außergewöhnliche Umstände rechtfertigen in diesem Fall die Erlaubnis zur Einreise«, begründete Peak die Entscheidung laut dem Sitzungsprotokoll. »Es ist jedoch von größter Wichtigkeit, daß dies nicht als Präzedenzfall für die Zukunft angesehen werden darf. Niemand soll zu der Annahme ermutigt werden, daß Flüchtlinge Deutschland verlassen können, bevor feste Vereinbarungen zu ihrem Empfang getroffen worden sind.«

Kapitän Schröder befand sich im Kartenzimmer, zusammen mit dem Leitenden Ingenieur, als die Tür zum Ruderhaus aufgerissen wurde und der Dritte Offizier hereinkam. Er war so aufgeregt, daß sich seine Stimme überschlug.

»Käpt'n, sie nehmen sie auf …« Hinter ihm drängten sich die Männer, die auf der Brücke Dienst taten, und selbst der Rudergänger machte das Ruder fest und kam herbei. Kapitän Schröder erinnert sich, daß er auf die Uhr blickte, als sei es wichtig, die genaue Zeit festzuhalten. Das runde Leuchtzifferblatt der in einem Lederarmband eingebetteten Armbanduhr zeigte wenige Minuten nach Mitternacht. Aber Schröder erinnert sich auch, daß seine erste Reaktion Abwehr und Mißtrauen war.

Er packte den Dritten Offizier bei den Armen, als müsse er ihn wachrütteln. »Geben Sie schon her! Wo ist der Funkspruch?«

»Ich war in der Funkbude, als er durchkam. Schon nach

den ersten Worten war es klar, die Länder nehmen die Passagiere auf. Ich habe den ganzen Spruch gar nicht erst abgewartet ...«

»Eine Nachricht von der Reederei?« fragte Schröder.

»Ja ... Nein ... das heißt, ich weiß nicht.«

Im Ruderhaus hörte man Stimmen. Die Männer vor der Tür wandten sich um. Hinter ihnen schwenkte jemand einen Funkspruch. »Laßt ihn durch«, sagte Schröder. Das Formular wanderte von Hand zu Hand und wurde schließlich dem Kapitän überreicht. Er ging damit zu der kleinen Lampe über dem Kartentisch. Er sagte nichts, als die anderen sich hinter ihn drängten und über seine Schulter mitlasen. Schröder überflog das Telegramm:

ENDGÜLTIGE VEREINBARUNG FÜR DIE AUSSCHIFFUNG ALLER PASSAGIERE IST ZUSTANDE GEKOMMEN. ICH BIN GLÜCKLICH, SIE WISSEN ZU LASSEN, DASS DIE REGIERUNGEN VON BELGIEN, HOLLAND, FRANKREICH UND ENGLAND ZUGESTIMMT HABEN. DER KAPITÄN WIRD IN KÜRZE WEGEN DER LANDUNG ANWEISUNG ERHALTEN. BITTE UM BALDIGE BESTÄTIGUNG, DASS SIE DIESES TELEGRAMM ERHALTEN HABEN.

Das Kabel kam aus Paris. Gezeichnet war es: Morris C. Troper. Adressiert an das Bordkomitee. Schröder richtete sich auf. Alle standen um ihn herum mit strahlenden Gesichtern, als seien sie es, denen dieses Telegramm die Rettung gebracht hätte.

»Moment«, sagte Schröder, »das ist noch nicht offiziell. Ich wünsche nicht, daß darüber geredet wird.«

Die Männer wandten sich ab. Nur der Funker blieb unter der Tür stehen. Die Enttäuschung stand in seinem Gesicht: »Soll ich nicht antworten?«

»Im Augenblick nicht. Wecken Sie mich, sobald Nachricht von der Reederei kommt.«

Schröder zog die Tür hinter ihm zu. Der Leitende Ingenieur sah seinen Kapitän fragend an. Sie schwiegen. Die Lampe pendelte hin und her. Ihr Schein wanderte über die Seekarte, den Zirkel und die Bleistifte; dort, wo sie vorher den Plan für ihre Landung an der Südküste Englands ausgearbeitet hatten. Schröder faltete das Telegramm sorgfältig zusammen und steckte es ein. Die Spannung wich plötzlich aus seinem Gesicht: »Ich geh' jetzt schlafen, und ich rate Ihnen, tun Sie dasselbe. Sieht so aus, als ob wir unseren ganzen schönen Plan umsonst ausgearbeitet haben.«

Die Bestätigung aus Hamburg kam am Morgen des 14. Juni. Beides, das Telegramm aus Paris und die Nachricht aus Hamburg, wurde bekanntgegeben. Der Kapitän der ›St. Louis‹ selbst verlas das Kabel über die Bordsprechanlage. Die erste Reaktion der Passagiere war ganz unerwartet.

»Wir liefen wie betäubt umher«, erinnert sich der Passagier Moritz Eppstein, »durch viele Enttäuschungen mißtrauisch geworden. Aber ebenso plötzlich kam der Umschwung. Das Lebenslicht, das lange so niedrig gebrannt hatte, flammte wieder auf.

Wir fielen uns in die Arme und weinten Freudentränen. Die einen sprachen Dankgebete, und die anderen tanzten auf dem Deck ...«

Am Nachmittag, um 16 Uhr, wurde die Antwort der Passagiere an Morris Troper nach Paris gekabelt:

DIE 907 PASSAGIERE DER ›ST. LOUIS‹, DREIZEHN TAGE SCHWANKEND ZWISCHEN HOFFNUNG UND ENTTÄU-SCHUNG, ERHIELTEN HEUTE IHRE BEFREIENDE NACHRICHT VOM 13. JUNI, UNSERE DANKBARKEIT IST SO UNENDLICH

WIE DER OZEAN, AUF DEM WIR SEIT DEM 13. MAI SCHWIMMEN, ANFANGS VOLLER HOFFNUNG FÜR EINE GUTE ZUKUNFT UND SPÄTER VOLLER TIEFER ENTTÄUSCHUNG. NEHMEN SIE BITTE DEN EWIGEN DANK JENER MÄNNER, FRAUEN UND KINDER ENTGEGEN, DIE EIN GEMEINSAMES SCHICKSAL AN BORD DER ›ST. LOUIS‹ VEREINT.

»In dieser Nacht«, erzählt Frau Hilde Herz, »tat keiner ein Auge zu. Abends wurde in der Halle auf dem Promenadendeck ein großer Bunter Abend veranstaltet, zu dem sich viele Passagiere als Vortragende meldeten. Nachher spielten beide Kapellen. Die ganze Nacht wurde getanzt. Dann erst dachten wir weiter – an die Zukunft.«

An diesem Tag, Donnerstag, dem 15. Juni, bekam der Kapitän die Nachricht, daß Belgien ihr Ziel sei. Die Passagiere der ›St. Louis‹ sollten im Hafen von Antwerpen auf die verschiedenen Länder verteilt werden.

In Vlissingen sollte eine Delegation mit Vertretern der vier Länder an Bord kommen und an Hand von Listen und Fragebogen die Verteilung der Passagiere vornehmen.

Überall wurden Anschläge angebracht.

Der Text lautete:

»Eilige Bekanntmachung:

Es müssen sofort Familienlisten angefertigt werden in Form von Einzelfragebogen je Familie und je Ledigen.

Zur Beschleunigung wollen die Familienvorstände folgende Angaben notieren und vorlegen:

Geburtsdatum, Beruf, Geburtsort, Staatsangehörigkeit, letzter Wohnort.

Adressen und Beruf von Verwandten oder Freunden, die finanzielle Unterstützung leisten können. Adressen von Freunden und Bekannten in Belgien, England, Frankreich

und Holland, bei denen Familien oder einzelne wohnen können.
Bei USA: Bei welchem amerikanischen Konsulat registriert. Wartenummer. Adresse des Affidavitgebers.
Wir bitten dringend, alle an Bord vorhandenen Schreibmaschinen gegen Empfangsbescheinigung im Rauchzimmer I.
Klasse abzugeben. Ebenso wollen sich alle geübten Maschinenschreiber zur Verfügung stellen. Meldung im Rauchzimmer.«

Zwei Tage schrieben die Passagiere an den Listen. Es wurde Morgen, es wurde Abend. Die ›St. Louis‹ fuhr mit äußerster Kraft ostwärts; ein starker Sturm mit Windstärke 7–8 trat auf, blies von achtern und vergrößerte ihre Geschwindigkeit. Am 16., Freitagmorgen um 4 Uhr, passierte die ›St. Louis‹ das Leuchtfeuer von Bishop Rock, der westlichen Spitze Englands. Am Abend schon sahen sie die Lichter von Cherbourg.

In Hamburg notierte der Direktor der Hapag erleichtert ein Telefongespräch mit der Gestapo: Ihre Fahrt zur ›St. Louis‹ ist nicht mehr nötig.

In Hamburg hatte man einen Frachtdampfer, der die Passagiere für Frankreich und England in Antwerpen übernehmen sollte, in aller Eile umgebaut; die 6472 BRT große ›Rhakotis‹ unter Kapitän Krüger.

Das Schiff fuhr sonst Salpeter; in zwei Luken befand sich noch Ladung, aber es war keine Zeit mehr zum Löschen; man vernagelte sie mit einer Persenning. In drei Nächten wurde die ›Rhakotis‹ umgebaut. 470 Betten wurden eingebaut, ein Speisesaal, eine Küche.

»Die Leute arbeiteten«, erzählt Direktor Holthusen, »als ob sie für jede Stunde das Dreifache an Lohn bekämen.«

Am 16. kabelte die ›St. Louis‹, daß sie gegen neun Uhr des 17. Juni Vlissingen erreichen werde.

Am Morgen des 17., um 4 Uhr in aller Frühe, fuhr eine lange Reihe dunkler Taxis und Privatwagen vor dem Hotel Century in Antwerpen vor. Bei einigen waren auf den Kühlern Blumengirlanden angebracht.

Es hatte in der Nacht in der Scheldestadt geregnet, vereinzelte Schauer, aber jetzt trieb der Wind die Wolken schnell weg, und es sah ganz nach einem herrlichen, sommerlichen Tag aus. Ein paar Neugierige standen vor dem Hoteleingang herum. Ein Bote lehnte sein Rad gegen die Mauer und trug ein Paket mit den Morgenzeitungen in die hell erleuchtete Halle. Die Fahrer standen mit einer Zeitung an den Wagen gelehnt und warteten.

Der Nachtportier hielt die Tür auf, und die Mitglieder der Flüchtlingskomitees aus den vier verschiedenen Ländern, die den Auftrag hatten, die Passagiere auszuwählen, gingen zu den Wagen. Die Vertreter der Behörden folgten. Zuletzt kamen die Beauftragten der Hapag. Sie hatten am Abend zuvor aus Hamburg einen Brief von Hapag-Direktor Holthusen erhalten:

»Ich möchte Sie nochmals bitten, bei den Verhandlungen mit den Passagieren der ›St. Louis‹ sich daran zu erinnern, daß es sich um Passagiere handelt, die ihre Fahrkarte bezahlt haben und die nicht im letzten Augenblick durch unfreundliche Behandlung verärgert werden dürfen. Vergessen Sie nicht, die Leute verlassen Deutschland für immer, und der letzte Eindruck soll nicht Grund zu einer Propaganda gegen uns werden.«

Die Scheinwerfer flammten auf. Langsam setzte sich die Kolonne in Bewegung.

Im ersten Wagen fuhren die Mitglieder des Flüchtlingskomitees aus Holland; der Direktor, Bankier Siegfried Kramarsky, Herr Moser, Herr Dentz und eine Holländerin, die man eine der tapfersten und mutigsten Frauen des Zweiten Weltkrieges genannt hat, und die zahllose Kinder aus Österreich und Deutschland gerettet hat, Frau Weyssmüller-Meyer.

Das belgische Komitee leitete Emil Kowaarsky. Seine Assistentin war Frl. Margot Blitz. Die anderen: Georg Wolf und Frau A. Tostti.

Die französische Delegation führte Herr Rosen, sein Vertreter war Raymond Paul Lambert.

Die englische Delegation führte Mr. Lillywhite.

Vom amerikanischen *Joint* war Mr. Morris Troper mit seiner Frau aus Paris gekommen. Von der *Hicem* Dr. James Bernstein. Von der Reichsvertretung der Juden in Deutschland: Dr. Paul Eppstein. Selbst die Quäkerorganisation ›Society of Friends‹ hatte einen Vertreter geschickt.

Die Reporter und Fotografen waren zu ihren Wagen, die in einer Seitenstraße parkten, gelaufen und schlossen sich der Kolonne an.

Der Himmel begann bereits heller zu werden, und die Leuchtschrift zwischen den beiden Fahnen auf dem flachen Dach des Hotels Century wurde ausgeschaltet.

Zur gleichen Zeit, als die Kolonne die Straße nach Norden fuhr, bereiteten die Mitglieder zweier faschistischer Organisationen, die Rexisten und Mitglieder der ›Nationalen Jugendorganisation‹, ihren Protestmarsch durch die Stadt vor. Sie verteilten, in schwarzen Hemden, gedruckte Handzettel. Der Text dieser später beschlagnahmten Zettel lautete:

»Auch wir wollen den Juden helfen. Wenn sie sich an unsere Büros wenden, wird jeder von ihnen einen Strick und einen großen Nagel bekommen.«

In der Bucht von
Havanna:
›Die Hakenkreuzflagge
weht am Heck der
St. Louis‹.

Die Angehörigen
warten in der Bucht auf
die Ausschiffung der
Passagiere.

»Laßt mich zu ihnen!«
ruft eine Frau auf dem
durch kubanische Solda-
ten streng bewachten
Fallreep.

Nach seiner erfolglosen Verhandlung mit der kubanischen Regierung geht Kapitän Schröder an Bord der Hapag-Barkasse.

Den Passagieren, die sich an Bord versammelt haben, wird das Dekret des Präsidenten von Kuba vorgelesen: Die ›St. Louis‹ hat innerhalb von 24 Stunden Havanna zu verlassen.

Amerika nimmt die Flüchtlinge der ›St. Louis‹ nicht auf. Am 6. Juni 1939 erscheint im ›Daily Mirror‹ diese Karikatur der Freiheitsstatue mit dem Schild: ›Bleibt draußen‹.

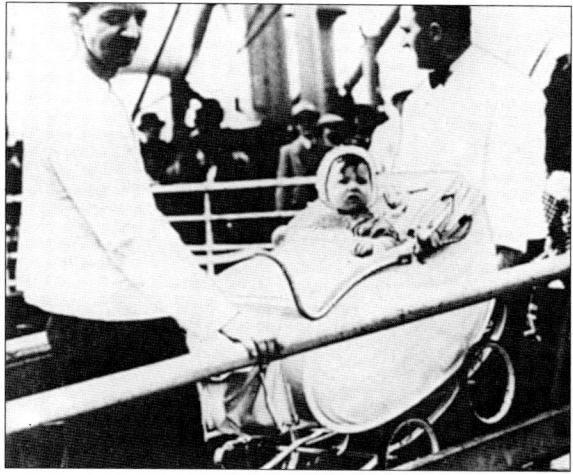

Antwerpen, 17. Juni 1939: Die Passagiere gehen von Bord. Überall greifen die Stewards helfend zu.

Die für Belgien bestimmten Passagiere am Tisch der Zollkontolle im Hafen von Antwerpen.

England nimmt 284, Holland 181, Belgien 215 und Frankreich 227 Passaiere auf. Die Verteilung erfolgt an Bord.

Die belgische Gruppe reist sofort nach Ausschiffung in die im ganzen Land vorgesehenen Orte.

Hamburg 1947: Kapitän Schröder nimmt Abschied von der von einem Bombenangriff schwerbeschädigten ›St. Louis‹.
1957 wird ihm für seine Verdienste um die Emigranten das Bundesverdienstkreuz verliehen.

Die Kolonne hatte inzwischen den Zollposten bei Putte erreicht. Die Schranken hoben sich, und die Fahrzeuge rollten weiter nach Holland hinein, Kilometer um Kilometer, über den Damm, der die Halbinsel Süd-Beveland mit dem Festland verbindet, und den zweiten Damm zur Insel Walcheren bis zur Kreuzung bei Middelburg. Sie kamen über eine Stunde zu früh. Die Wagenkolonne fuhr bis nahe an das Dock, wo das Boot des Oberlotsen, das sie an Bord der ›St. Louis‹ bringen sollte, schon bereitlag. Dort warteten sie. Sie hielten sich abseits von der kleinen deutschen Gruppe, die aus Hamburg gekommen war.

Der Himmel war klar und heiter. Nur über dem Meer lag noch leichter Dunst. Auf dem Nordsee-Boulevard, der berühmten Promenade des Badeortes, flanierten viele Feriengäste. Die ›Argus‹, das Boot des Oberlotsen, spuckte dunklen Rauch aus. Es war ein Bild des Friedens. Aber die Männer der Delegationen standen dort, als ahnten sie, daß nicht einmal ein Jahr vergehen würde, bis der Himmel über ihnen voller Bombenflugzeuge sein würde. Viele der Männer kamen aus Deutschland, und sie ahnten, daß ihre Flucht und die Flucht derer, die sie erwarteten, noch nicht zu Ende war.

Niemand wußte nachher, wer das Schiff zuerst sah. Es kam aus dem Morgendunst, und dann war es klar zu erkennen, wie es schnell näher kam. Am Heck flatterte die Hakenkreuzflagge.

Auf dem Deck der ›St. Louis‹ hatten sich die Kinder versammelt, es waren über hundert. Sie trugen ihre schönsten Kleider, und man hatte am Tage zuvor eingeübt, was sie in Sprechchören sagen sollten. Sie standen ganz vorn am Fallreep. Hinter ihnen warteten die Erwachsenen. Etwas abseits stand der Kapitän mit den Mitgliedern des Bordkomitees.

Als das Lotsenboot längsseits war und die Mitglieder der Delegationen an Bord kamen, schob Stella Heymann ein elfjähriges Mädchen vor. In der Gärtnerei hatte man einigen Topfpflanzen die Blüten abgeschnitten. Das Mädchen hielt sie krampfhaft in den Händen. Es hieß Liesel Joseph, die Tochter des Vorsitzenden des Bordkomitees. Sie war ausgewählt worden, weil sie an diesem Tag Geburtstag hatte. Sie begann:»Wir danken Ihnen, daß Sie gekommen sind.« Und dann wiederholten es die Kinder im Chor ... An diesen Morgen erinnern sich alle. Und sie alle sagen, mit anderen Worten vielleicht, doch dasselbe, wie Siegfried Kramarsky, der heute in New York lebt, und damals die Aufgabe hatte, die Aufteilung zu überwachen: »Es war das ergreifendste Bild, das ich je in meinem Leben gesehen habe. Die Kinder, die sich aufgestellt hatten und uns dankten ...«

Nachher ging Dr. Joseph auf die Vertreter der vier Nationen zu und führte sie zum Kapitän. Schröder stand ein wenig verlegen da. Als sie vor ihm standen, streckte er zur Begrüßung die Hand aus. Aber keiner nahm sie. Der Kapitän stand da, klein und schmächtig mit seiner ausgestreckten Hand.

Hinter ihm schrien die Kinder noch immer im Chor:»Wir danken Ihnen.«

»Der Kapitän hat dagestanden«, erinnert sich Margot Blitz vom belgischen Flüchtlingskomitee aus Brüssel,»er hat dagestanden, seine Hand ausgestreckt, um uns zu begrüßen. Und wir, wir dachten natürlich nur, daß er auch zu denen gehörte, die uns verfolgt hatten, und so weigerten wir uns, ihm die Hand zu geben.

Nachher hörten wir, was er alles für die Passagiere getan hatte, und wir haben es sehr bedauert.«

Siegfried Kramarsky berichtet:»Nachher bin ich hinge-
gangen zum Kapitän und habe gesagt: Ich möchte Ihnen jetzt
die Hand geben. Ich habe gehört, Sie haben sich großartig benommen ...«
Die ›Argus‹ hatte bald wieder abgelegt. Die ›St. Louis‹
drehte in den Strom. Die Sonne stand jetzt schon hoch am
Himmel. Und während das Schiff in die Westerschelde ein-
fuhr, begannen die Mitglieder mit der Aufteilung der Passagiere.
Im Rauchzimmer auf dem Promenadendeck wurden vier
lange schmale Tische aufgebaut, je einer für ein Land. Auf
den Tischen lagen die vom Zahlmeister und den Passagieren
angefertigten Listen. Siegfried Kramarsky führte den Vorsitz. Er hatte die Jacke ausgezogen und hinter sich auf den
Stuhl gehängt. In der Hand hielt er einen kleinen, hölzernen
Auktionshammer. Er las laut die Namen vor. Wenn dann
eines der Komitees zugestimmt hatte, die betreffende Person
oder Familie zu nehmen, sauste der Hammer auf den Tisch.
Es war keine leichte Aufgabe: die Männer an den Tischen
waren sich klar, daß sie Schicksal spielten.
»Da ich persönlich von der zu erwartenden Besetzung
Hollands und Belgiens überzeugt war«, sagt Kramarsky,
»wählten wir für diese Länder nur Passagiere, die ein Affidavit für die USA besaßen. Bei denen also Aussicht bestand,
daß sie Holland und Belgien bald wieder verlassen konnten.«
Nach England und Frankreich, die für am sichersten galten, nahm man die Alten, Kranken und die Kinder. Außerdem versuchte man, keine Familien zu trennen.

»Ich ging immer wieder ins Rauchzimmer«, erzählt Jan Lüttgens,»denn ich wartete darauf, daß sie beim Buchstaben ›H‹
anlangen würden.«

Er wollte wissen, wohin sie die Familie Heymann schickten. Die Passagiere selbst zeigten sich kaum im Rauchzimmer. Einige waren in ihren Kabinen und packten ihr Handgepäck. Die anderen standen auf den Decks. »Ich saß in einem der Korbsessel. An den Wänden summten Ventilatoren. Ich hörte die Namen, die Diskussionen und den dumpfen Schlag des Hammers. Endlich kam der Name Heymann. Die Familie hatte ein Affidavit für die USA. Ich hörte jemanden die Wartenummer sagen. Eine ziemlich hohe Nummer. Jemand am Tisch der Holländer hob die Hand. Bei dem Namen Arthur Heymann stieß sein Nebenmann ihn an und deutete auf seine Liste. Der Mann nickte und winkte ab. Er reichte die Liste zum Mitteltisch und sagte etwas. Die Liste wanderte zurück, und der Mann mit dem Hammer rief den Namen erneut auf. Ich war schon halb draußen, aber ich sah noch, daß der Vertreter Englands die Hand hob.«

Die erste, die Jan fand, war Stella. Sie war, wie immer, bei den Kindern. Er wagte es ihr nicht zu sagen. »Wir müssen Ihren Bruder finden«, sagte er nur.

Jan erzählt weiter. »Sie waren schon beim Buchstaben ›J‹, als wir zurückkehrten. Arthur ging zu den Tischen. Sie zeigten ihm die Liste. Es gab eine heftige Diskussion. Stella stand neben mir, und ich wagte nicht, sie anzusehen. Plötzlich war auch ihre Mutter da, mit ihrem blassen, besorgten Gesicht. Dann kam Arthur zurück. Sein Gesicht war ein wenig verzerrt. Er nahm die Brille ab und putzte sie. Man sah seinen Augen an, wie stark die Gläser waren. Als er sie aufsetzte, lächelte er schon wieder.

›Die Holländer wollen mich nicht mehr‹, sagte er. ›Ich stehe auf ihrer Liste der unerwünschten Personen.‹

Die Mutter wollte auf den Tisch zugehen, aber Stella hielt sie zurück.

›Was war denn in Holland los?‹ fragte die Mutter ängstlich. ›Wieso wollen sie dich nicht?‹

Arthur antwortete nicht. Er sah mich an. Er hatte mir erzählt, daß er in Amsterdam mit einer englischen Gruppe arbeitete, die Sabotageanschläge auf deutsche Schiffe gemacht hatte. Vielleicht war es das.

›Ich werde euch holen‹, sagte er. ›Ich lasse euch nachholen, sobald ich in England bin. Vielleicht bekomme ich ein Visum, und es ist ein Katzensprung.‹ Er schien an etwas anderes zu denken. Und dann sagte er: ›Alfons Grünthal geht auch nach Holland. Ihr kennt ihn ja aus Berlin. Ich werde mit ihm sprechen. Er wird auf euch achten.‹ Die Mutter begann zu schluchzen. ›Bitte‹, sagte Stella, ›komm, ich helfe dir packen.‹

Dann gingen die beiden Frauen. Stella war einen Kopf größer als die Mutter, und sie hatte den Arm um sie gelegt …«

Jan und Arthur Heymann waren dann an Deck gegangen. Möwen umkreisten das Schiff. Es waren große, starke Seemöwen, aber auch schon die kleineren Landmöwen. Die ›St. Louis‹ hatte jetzt die Scheldemündung erreicht; die Passagiere drängten sich an der Reling. Am Ufer winkten Menschen. Zwei Schlepper setzten sich vor das große Schiff und machten fest. Rufe gingen über das Deck. Der Kapitän stand in der Backbordnock nach vorn gebeugt. Die Schlepper zogen das Schiff in einem leichten Bogen. Und dann türmte sich die Stadt vor ihnen auf.

Die ›St. Louis‹ bewegte sich kaum noch. Sie schien gerade auf den Turm der hohen Kathedrale, die im heißen Dunst des Mittags alles überragte, zuzulaufen.

»17. Juni, 14 Uhr, Antwerpen erreicht …«

W ieder, wie bei der Abfahrt in Hamburg und bei der
Ankunft in Havanna, war es ein Samstag, und ein
sonniger, strahlender Tag. Im Bericht des Kapitäns der ›St.
Louis‹ steht:

*»17. Juni, 14 Uhr. Antwerpen erreicht. 14.36 Uhr am Schel-
dekai, Schuppen 18, festgemacht.«*

Schuppen 18 lag gegenüber dem Jordaens-Kai, in der Mitte
der Stadt, zwischen den Türmen der Kathedrale und der Kir-
che St. Paulus. Immer dichter werdende Menschenmengen
hatten sich auf den Kaibrücken versammelt, aber ein Kordon
von Polizei bewachte den Liegeplatz und trieb alle Zuschau-
er zurück.

Die Zeitungsleute, die der ›St. Louis‹ in einem der bunten
›Flandria‹-Boote entgegengefahren waren, warteten jetzt
unter dem Schutzdach, das sich an der ganzen Länge des
Scheldekais entlangzog. Aber auch von ihnen wurde niemand an das Schiff herangelassen.

»Die Reederei hatte es zur Bedingung gemacht«, erzählt
Margot Blitz, »daß kein Journalist oder Fotograf mit an
Bord kam, als wir in Vlissingen das Schiff bestiegen. Sie
wollten keine Publicity, und das war zwischen uns abge-
sprochen.

Die französische Delegation aber hatte einen Journalisten und einen Fotografen auf das Schiff geschmuggelt. Es war herausgekommen, als eine Frau bei der Aufregung der Landung eine Treppe hinabstürzte und sich ein Bein brach. Dabei hatte er fotografiert, und jetzt suchte die belgische Polizei nach dem Film.

Die Franzosen fragten mich, da wir Belgier zuerst vom Schiff gehen sollten, ob ich die Filme mitnehmen würde. Ich habe mich geweigert, da ich mein Wort gegeben hatte. Einen Film haben sie herausbekommen. Die anderen haben sie ins Wasser geschmissen.«

Und Hugo M. Kritzkovsky, Mitarbeiter einer Prager Presseagentur, weiß zu berichten:»Ein alter Freund von mir war auf der ›St. Louis‹, ein Arzt, Dr. Fritz Spanier. Schließlich entdeckte ich ihn unter den Passagieren. ›Hast du Bilder von der Reise?‹ schrie ich zu ihm hinauf. Er warf mir ein Fotoalbum herunter. Aber die belgische Polizei beschlagnahmte es. Sie nahmen mich fest und schoben mich noch am gleichen Tage über die Grenze nach Holland ab. Die Pier war derart bewacht, als ob ein Schiff voller Zuchthäusler angekommen wäre.«

Die langen schmalen Tische aus dem Rauchzimmer der ›St. Louis‹ waren an Deck getragen worden. Dort ging die Aufteilung weiter, während Kräne das große Gepäck und die Liffvans aus dem Innern des Schiffes hochzogen und auf dem Kai stapelten. Um 6 Uhr begann die Ausschiffung der von Belgien aufgenommenen Passagiere. Ihre Namen wurden verlesen, und sie kamen mit Koffern und Paketen an Deck. Gleich hinter dem Schuppen stand ein Sonderzug für sie bereit.

Jan Lüttgens erzählt:

»Immer mehr kamen an Deck. Der Bordlautsprecher leierte ihre Namen herunter. Dann gingen die ersten an Land, einzeln, in kleinen Gruppen. Sie gingen Schritt für Schritt den steilen Laufsteg hinab und blickten scheu um sich. Sie schritten durch die Gasse der Polizisten und der vier aufgebauten Tische des Zolls. Sie zeigten ihr Gepäck vor, und dann verschwanden sie durch einen schmalen Durchlaß zu dem bereitstehenden Zug. Manchmal hüllte der Rauch der unter Dampf stehenden Lokomotive sie ein.«

So verließen sie das Schiff. Über den schwankenden Steg. Zitternde alte Frauen, junge, braungebrannte Männer. Sie trugen ihre Koffer, zusammengeschnürte Kartons. Manche hatten nichts als ihre Pässe in den Händen. Ein neues, unbekanntes Kapitel in ihrem Leben begann. Aber die Erfahrung hatte sie gelehrt, daß für Menschen, die ein rotes ›J‹ in ihrem Paß trugen, Grenzen sich nicht so leicht öffnen.

»Es war ein wehmütiger Abschied«, erinnert sich ein Passagier. »Nur selten riefen die Zurückbleibenden ihnen ein paar Worte nach.«

Der Sonderzug verließ Antwerpen kurz nach acht Uhr. Auf den Trittbrettern der grauen Dritter-Klasse-Wagen standen die Polizisten, bis der Zug aus dem Gelände des Hafens war.

Eine Stunde später hielt der Zug auf einem Nebengleis des Gare du Nord in Brüssel.

In der ersten Nacht werden die ›St.-Louis‹-Passagiere in Hotels und bei Privatpersonen untergebracht. Wer Verwandte in der Stadt hat, die für ihn aufkommen, soll hierbleiben dürfen. Die anderen werden nach Schloß Marneffe im Henegouwen weiterfahren. Dort werden sie in einem alten Kloster Unterkunft finden und darauf warten, was weiter mit ihnen geschieht.

In Antwerpen liegt die ›St. Louis‹ strahlend erhellt am Kai. In den letzten Stunden war ein zweites großes deutsches

Schiff in Antwerpen angekommen, die ›Patria‹. Es war das
modernste Schiff der Hapag – sechs Jahre später sollte auf
diesem Schiff in Flensburg-Mürwik die letzte deutsche
Reichsregierung Dönitz von den Alliierten aufgelöst werden.

Die für Holland bestimmten Passagiere sollen die ›St.
Louis‹ am nächsten Morgen, in aller Frühe, verlassen. Die
Niederlande haben darauf bestanden, daß die Passagiere mit
einem Schiff nach Rotterdam gebracht werden. Die Begründung des Chefs der Polizei: »Die Übernahme der Passagiere
auf dem Landweg erfordert zu viele Polizeibeamte.« So hatte
die Hapag von der Flandria einen kleinen Dampfer gechar-
tert, die ›Jan van Herckel‹. Sie liegt bereits längsseits der ›St.
Louis‹, und zwar so, daß die Passagiere unbemerkt überstei-
gen können.

Während der ganzen Nacht wird die ›St. Louis‹ weiter ent-
laden. Immer neue Transitkasten hieven die Kräne an Land.
Die ›Jan van Herckel‹ wird das Umzugsgut nicht mitnehmen. Den Passagieren sagt man: »Mein Gott, schleppt euch
nur nicht mit Möbeln ab!« Es war fünf Uhr, am Morgen des
18., als die Passagiere für Holland geweckt wurden. Um
sechs hatten alle gefrühstückt. Dann kamen sie an Deck,
fröstelnd in der Kühle des Morgens. Es wurde langsam hell,
und von einer Werft klang das Hämmern herüber. Erst um
neun Uhr wurden die Namen aufgerufen. »Ich hatte mich
den Heymanns angeschlossen«, erzählt Jan Lüttgens. »Sie
hatten nur ihr Handgepäck und die kleinen Lunchpakete,
die man ihnen mitgegeben hatte. Wir standen dort zusammen. Ich dachte, daß noch irgend etwas geschehen müsse.
Aber so, wie sie damals, als sie in Hamburg an Bord kamen,
an mir vorübergegangen waren, so gingen sie jetzt hinüber
auf das andere Schiff. Und es waren zu viele Menschen um
uns, als daß ich mehr hätte sagen können als: Alles Gute. Ich

hatte meine Adresse aufgeschrieben. Aber ich gab sie ihnen nicht. Stella stand noch einen Augenblick neben mir, die Kinder an der Hand. Ihr Gesicht war beherrscht von den dunklen, unerschrockenen Augen. Ich gab ihr wortlos die Hand, nachdem sie sich von ihrem Bruder verabschiedet hatte. Sie schritt hinüber auf das andere Schiff. Sie sah sich einmal um und winkte lächelnd.

Ich dachte, daß es sehr wichtig sei zu erfahren, was aus ihnen werden würde. Damals wußte ich noch nicht, daß ich sie noch einmal wiedersehen sollte.

Arthur stand neben mir und sah seiner Mutter und seinen Schwestern schweigend nach. Ich weiß noch, daß ich sagte: ›Wenn Sie alle wieder zusammen sind, werden Sie mir dann einmal schreiben?‹ Ich gab ihm den Zettel mit der Adresse. Er nahm ihn und las ihn, ehe er ihn wegsteckte.

›Hamburg‹, sagte er nur. Es klang wie der Name einer fremden Stadt.

Es war genau 10 Uhr, als die ›Jan van Herckel‹ ablegte. Es muß Punkt 10 Uhr gewesen sein, weil plötzlich alle Glocken aus der Stadt läuteten. Es war ein Sonntag. Am Heck unter der rot-weiß-blauen Flagge der ›Jan van Herckel‹ quirlte Schaum auf, aber von den Schiffsmotoren war nichts zu hören, weil die Glocken sie übertönten.«

Die Fahrt der ›Jan van Herckel‹ von Antwerpen nach Rotterdam dauerte fast neun Stunden. Sie fuhren durch den Kanal von Hansweert, in die zahllosen Schleusen, an Dordrecht vorbei. Den Menschen an den Ufern mußte es wie eine Ferienfahrt vorkommen. Einer der Passagiere hatte eine Mandoline. Kinder sangen. Die Erwachsenen saßen in der Sonne auf dem Deck und aßen aus ihren Frühstückskörbchen.

»Mir aber war ein wenig seltsam zumute«, erzählt Wolf-

gang Philippi, der in Cherbourg an Bord der ›St. Louis‹ gekommen war, und vorher, nachdem er aus Deutschland
geflüchtet war, in Holland gelebt hatte. »Ich hatte fünf Monate im Land gelebt und kannte das Lagerleben der Emigranten. Mir war bange vor dem, was uns erwartete. Aber
was blieb uns anderes übrig. Der Ring hatte sich wieder geschlossen.«
Abends um sieben Uhr tauchten die großen Maasbrücken
auf. Die Flußpolizei und das Boot des Hafenmeisters gelei-
teten das Schiff zu den Quartieren an der Neuen Maas mit
ihren unzähligen Hafenbecken, Speichern und Docks. Am
jenseitigen Flußufer gingen Menschen spazieren. Es war ein
schöner Abend. Kaum einer achtete auf das Schiff, das an der
Landungsbrücke der Rotterdamer Quarantänestation Heyplaat anlegte.
Als die Passagiere an Land gingen, zeigten sich hinter den
Fensterscheiben des düsteren Backsteinhauses ein paar Gesichter. In der Quarantänestation brachte die Fremdenpolizei aus Deutschland geflüchtete Juden unter.
Und hier würden auch die ›St. Louis‹-Passagiere die
nächsten Wochen verbringen, abgeschnitten von der Welt,
unter strenger Postzensur. »Ihr Aufenthalt ist nicht be-
grenzt«, kommentierte eine Zeitung ihr Schicksal, »aber sie
werden sich kaum irgendeiner Freiheit erfreuen und sich
genötigt sehen, das Land so schnell wie möglich wieder zu
verlassen.«
Aber an diesem Abend dachten sie noch nicht an die Zukunft. Es störte sie nicht einmal, daß das Backsteingebäude
mit Stacheldraht umgeben war und im Hof Posten mit
Wachhunden patrouillierten. Sie gingen in die großen Schlaf-
säle. In jedem standen 50 Betten, zwei übereinander, mit
dünnen Strohsäcken. Einige, die etwas Wäsche dabei hatten,
bezogen sie.

Dann legten sie sich schlafen in dem Bewußtsein, an Land und gerettet zu sein.

Die ganze Nacht vermischte sich das Bellen der Wachhunde mit dem heiseren Sirenenton der Schiffe, die draußen auf der Neuen Maas vorbeifuhren.

Am Nachmittag dieses Sonntags war in Antwerpen die ›Rhakotis‹ längsseits der ›St. Louis‹ gegangen, um die für England und Frankreich bestimmten Passagiere an Bord zu nehmen. Die Hapag hatte den Frachter von Hamburg nach Antwerpen geschickt. In drei Tagen und Nächten hatten die Arbeiter des technischen Personals der Hapag 480 Betten in den Frachter eingebaut, und für die noch fehlenden Plätze hatte man jetzt von der ›St. Louis‹ 100 Matratzen und Decken requiriert.

Es war 20 Uhr, am 19. Juni, siebenunddreißig Tage nach ihrer Abfahrt aus Hamburg, als der letzte Passagier die ›St. Louis‹ verließ.

Schon während des Tages hatte das Schiff Wasser und Öl aufgenommen. Nur wenige Passagiere bemerkten überhaupt, daß die ›St. Louis‹ den Hafen verließ, um rechtzeitig zu ihrer Vergnügungsreise nach New York zu kommen. Es war 0.30 Uhr, als die ›St. Louis‹ vom Kai ablegte und in der Dunkelheit verschwand.

Die ›Rhakotis‹ erreichte Boulogne-sur-Mer um vier Uhr früh am 20. Juni. Sie ankerte draußen auf der Reede, und der Tender ›La France‹ brachte die Passagiere und das Gepäck an Land. Die Dockarbeiter von Boulogne demonstrierten ihre Sympathie mit den Flüchtlingen; sie verzichteten auf ihren Lohn. Autobusse standen am Kai bereit. Sie fuhren die Passagiere zum ›Camp d'Amitiée‹, am Stadtrand von Boulogne.

Die 227 bleiben die ersten Tage hier. Von dort sollen sie im ganzen Land auf die Lager verteilt werden. Sie haben eine auf vier Wochen befristete Aufenthaltsgenehmigung für Frankreich erhalten. Sie muß alle vier Wochen erneuert werden. Am 21. Juni gehen die von England aufgenommenen ›St. Louis‹-Passagiere in Southampton von Bord der ›Rhakotis‹. Ein Sonderzug bringt sie nach London. Um vier Uhr trifft er auf der Waterloo-Station ein.

Nur wenige sind zum Empfang erschienen. Denjenigen, die Bekannte haben oder Verwandte, wird erlaubt, bei ihnen zu wohnen. Für die anderen sind Hotels und private Unterkünfte bereitgestellt. Dann kommen auch sie in ein Lager. Es ist das Kitchener Camp in der Nähe von Richborough.

215 hatte Belgien aufgenommen, 181 Holland, 227 Frankreich und England 284. – Die Irrfahrt der Neunhundert war zu Ende. Aber nicht ihre Flucht.

Die ›St. Louis‹ befand sich mitten auf dem Atlantik, Kurs New York. Die Chinesen arbeiteten in der Wäscherei. Die Kabinen wurden neu hergerichtet, in der Borddruckerei wurde der alte Satz der Bekanntmachungen abgelegt. Überall roch es nach frischer Farbe.

Und trotzdem herrschte eine eigenartige, bedrückte Stimmung an Bord. Sie fiel besonders den neuen Besatzungsmitgliedern auf, die in Antwerpen an Bord genommen waren. Einer von ihnen, der Borddrucker Erich Becker, berichtet:

»Ohne Passagiere, ohne Gepäck, so fuhren wir New York entgegen. Für die alten war es fast die gleiche Route. Sie waren schweigsam, verschlossen. Nur hin und wieder erwähnte einer etwas von der Fahrt nach Havanna.

Aber immer wieder sprachen sie von den Emigranten. Sie nannten Namen von einzelnen Familien. Dann versuchten

173

sie zu ergründen, wie es den einzelnen Gruppen in Belgien, Holland, Frankreich und England wohl ergehen würde. Mir schien, als sollte diese Stimmung überhaupt nicht mehr von dem Schiff weichen. Auch dem Kapitän blieb das nicht verborgen: Die Gespräche drehten sich immer um die Reise und das vermutlich harte Schicksal dieser Heimatlosen.«

Die ›St. Louis‹ erreichte New York am Mittag des 28. Juni. Im Hauptbüro der Hapag wurden Kapitän Schröder ein paar Briefe überreicht. Dankschreiben der Passagiere[*]. Außerdem bekam er eine Einladung von Bernard Sandler, dem bekannten Anwalt, der sich, als das Schiff vor der amerikanischen Küste kreuzte, um ein Asyl für die Passagiere bemüht hatte; der Kapitän sollte auf einer Pressekonferenz im Waldorf Astoria-Hotel von der Fahrt berichten und den Dank der Angehörigen der Passagiere entgegennehmen. Doch die deutsche Botschaft verweigerte Schröder die Erlaubnis, daran teilzunehmen.

Es blieb dem Kapitän der ›St. Louis‹ gerade noch Zeit, für sein Schiff Öl zu übernehmen, Trinkwasser und neuen Proviant. Die Geschäfte in der Ladenstraße des Schiffes bekamen neue Waren. Orchideen wurden in die Gärtnerei gebracht. Die Bar wurde gefüllt.

Die Vergnügungsreise zu den Westindischen Inseln war ausverkauft. Ab Abend des 30. Juni kamen sie an Bord des Schiffes, das, angestrahlt von den Scheinwerfern und über die Toppen geflaggt, am Kai lag. Fünfhundert Amerikaner. Schlepper zogen die hell erleuchtete ›St. Louis‹ rückwärts in den Strom. Die Kapelle spielte wieder: ›Muß i denn, muß i denn ...‹

Dann fuhr das Schiff mit eigener Kraft hinaus, an der Freiheitsstatue vorbei auf das offene Meer nach Süden.

---

[*] Siehe Dokumente (Seite 195)

Die ›St. Louis‹ machte drei Fahrten. Alle waren ausverkauft. Die vierte, Ende August, sollte nach Kuba gehen. Doch dazu kam es nicht mehr. Schon seit Wochen sprach man von Krieg.

»Wir lagen in New York«, erzählt Jan Lüttgens. »Wir waren zu Leo Jockel in seine Wohnung in Manhattan gegangen, ganz in der Nähe des Hafens. Wir hatten hinterlassen müssen, wo wir zu erreichen waren. Und an diesem Abend kam der Befehl, sofort an Bord zu kommen.«

.Die ›St. Louis‹ verließ den Hafen von New York in der Nacht zum 28. August. Kapitän Schröder führte das Schiff langsam nach Norden. Die Besatzung saß Tag und Nacht an den Lautsprechern. Dann kam die Nachricht: Die deutschen Armeen waren in Polen einmarschiert. Seither fuhr das Schiff verdunkelt, die Schornsteine grau überstrichen.

Ohne genaue Karten führte Schröder das Schiff auf der Nordlandroute an Island vorbei nach Murmansk.

Am 28. September kam der russische Lotse an Bord und geleitete das Schiff in den Hafen. An der Reede ankerte eine ganze Flotte anderer deutscher Schiffe, darunter die ›Bremen‹ und die ›New York‹. Die ›St. Louis‹ war das letzte Schiff, das die Blockade durchbrach.

14 Tage später fuhren dreihundert Mann der Besatzung des Schiffes nach Leningrad. In drei Sonderzügen des Polarexpreß machten sie den Weg mit den Besatzungen der anderen Schiffe. Nur technisches Pesonal war zurückgeblieben. Kapitän Schröder führte die ›St. Louis‹ am Neujahrstag 1940 über Norwegen wieder nach Hamburg.

Ende Oktober war Jan Lüttgens wieder in Hamburg. Er bekam noch 14 Tage Urlaub. Einer seiner ersten Wege führte ihn in den Hafen. An den Kais standen jetzt Tausende von Kisten. ›Judenkisten.‹ Nur fuhren keine Schiffe mehr. Sie standen dort, vom Regen verwaschen und von der Sonne ausgebleicht, jede ein Schicksal und jede ein fehlgeschlagener Fluchtversuch.

14 Tage später lag Jan Lüttgens in einem Bunker des Westwalls. Einer von hunderttausend, in seiner feldgrauen Uniform. Er gehörte zu einer Infanteriedivision, die am 10. Mai 1940 die Grenze von Belgien überschritt. Die Freiheit hatte sich für die Passagiere der ›St. Louis‹ als eine vergebliche Hoffnung erwiesen. Sie würden von neuem flüchten müssen. Sie würden ihren Verfolgern entrinnen, nur um ihnen von neuem in die Arme zu laufen.

10

»Die Deutschen werden euch doch erwischen!«

Sie lagen in den Dünen und warteten auf die Nacht. Über Dünkirchen leuchtete der Himmel blutrot. Der Widerschein der Flammen lag auf den blassen, ängstlichen Gesichtern der Flüchtlinge. Sie waren eine Gruppe von über dreißig, elf waren frühere Passagiere der ›St. Louis‹.

Sie warteten seit vier Tagen, von einem Abend zum anderen. Tagsüber verkrochen sie sich in einem zerschossenen Bunker, aber am Abend, wenn die englischen Schiffe über den Kanal kamen, um das eingeschlossene Heer einzuschiffen, kamen sie aus ihrem Versteck hervor. Die Schiffe waren jetzt ihre letzte Hoffnung.

Eine ganze Reihe war vor ihren Augen versenkt worden, und mehr als hundert waren ohne sie aufs Meer hinausgefahren. Sie kauerten in den Dünen und blickten hinüber zu den grauen Schatten der Boote. Es begann zu regnen, ein feiner Regen, fast nur ein Nebelschleier. Kolonnen von Soldaten bewegten sich zum Strand, lautlos und ruhig. Manchmal scholl ein Kommando zu ihnen herüber. Sie warteten auf die Morgendämmerung. Sie hatten die Fahrzeuge, die verlassen und ausgebrannt herumstanden, ausgeschlachtet. Sie hatten die unversehrten Schläuche von den Rädern herabgezogen und um Nacken und Hüften geschlungen. Endlich kam die Morgendämmerung. Die Fischkutter und Boote schaukelten unvertäut in der Brandung. Alle zogen ihre Schuhe aus und hängten sie sich um den Hals. Dann erhoben sie sich und liefen zum Strand.

Sie waren seit Wochen auf der Flucht ohne Ziel. Sie wußten nur, daß, wenn sie aufhörten zu laufen, alles zu Ende war. Jetzt saßen sie in der Falle, und ihre letzte Chance war, auf eines der Boote zu kommen ...

Einer von den elf ›St. Louis‹-Passagieren, die an diesem Morgen des 1. oder 2. Juni 1940 – an das Datum erinnert er sich nicht genau – versuchten, auf einem der Boote, auf dem sich das englische Expeditionsheer einschiffte, zu entkommen, war Alfons Grünthal, heute 82 Jahre alt.

Er gehörte zu der Gruppe der ›St. Louis‹-Passagiere, die Holland zugeteilt worden waren, er war jener Mann, den Arthur Heymann gebeten hatte, auf seine Familie aufzupassen.

Nach der Fahrt von Antwerpen nach Rotterdam war die Familie Heymann sechs Wochen lang in der Quarantänestation Heyplaat geblieben. Von dort brachte man die ›St. Louis‹-Passagiere in ein anderes Lager in der Nähe von Amsterdam; zum Zeeburger Deyck, einem Holzbarackenlager direkt am Wasser. Die 181 Passagiere der ›St. Louis‹ waren jetzt eingereiht in die große Herde der Flüchtlinge. Sie blieben dort fast ein Jahr. Als der Einmarsch der Deutschen drohte, faßte die holländische Regierung die verschiedenen einzelnen Lager im Land zu einem Zentralcamp zusammen. Es war das Lager Westerbork in der Provinz Drenthe, 40 Kilometer von Groningen. Bis auf einige wenige, die bei Verwandten untergekommen waren, kamen auch die ›St. Louis‹-Flüchtlinge dorthin.

Anfang Mai, so erinnert sich Alfons Grünthal, bekam die Familie Heymann ein Visum für England. Arthur Heymann hatte es geschickt. Aber es kam um einige Tage zu spät.

Alfons Grünthal erzählt:

»Kurz vor dem Einmarsch der Deutschen in Holland wurde unser Lager evakuiert. Zusammen mit der Familie Heymann, mit der Mutter, Liesel Heymann, und ihren Töchtern, Stella, Irma und Steffi, wurden wir in der Nähe auf einem Bauernhof einquartiert. Von dort flohen wir. Wir hatten nicht viel zu verlieren. Wir wollten nach Frankreich. Wir dachten, Frankreich würde frei bleiben.

Es fuhren noch Züge, und wir kamen bis Brüssel, das war am 9. Mai. Dort schloß sich ein Teil der Belgien zugeteilten ›St. Louis‹-Passagiere uns an ...«

Frau Erna Blackmann, einer der Passagiere, die Belgien aufgenommen hatte, erzählt:
»Nachdem wir am 17. Juni 1939 in Antwerpen gelandet waren und der Zug uns nach Brüssel gebracht hatte, wurden wir nicht in ein Lager gebracht. Wir durften in der Stadt bleiben.

Wir bekamen ein kleines Zimmer in der Rue Lefranc, ein Zimmerchen und eine Küche. Zweimal im Monat konnten wir beim Jüdischen Hilfsverein Geld abholen. Arbeiten durften wir nicht. Wir liefen von einem Ende der Stadt zum anderen – wo es die billigsten Lebensmittel gab, wurde eingekauft. Unsere Möbel waren mit nach Kuba gegangen und von dort zurück nach Deutschland. Meine Eltern, die damals noch in Deutschland lebten, in Breslau, haben mit ihrem letzten Geld den Transport und die Fluchtsteuer noch einmal bezahlt, um uns die Möbel nach Brüssel zu schicken. Aber in Brüssel hatten wir keinen Mut, die Sachen auspacken zu lassen. Die Möbel standen auf einem Speicher.

Als dann der Krieg ausbrach, wurde mein Mann verhaftet und nach Frankreich gebracht.

Nach langer Zeit habe ich über die Schweiz Nachricht von ihm erhalten. Er war in Gurs. Es war ein schlechtes Lager, ein französisches. Mein Mann mußte dort furchtbar hungern. Dort waren auch spanische Freiheitskämpfer interniert. Alle Deutschen mußten sich stellen bei den Franzosen. Alle, die sich gestellt haben, sind auf Lastwagen gekommen. Dann kam er nach Nîmes, in ein Arbeitslager. Und von dort in ein Auffanglager bei Paris. Der Ort hieß Drancy. Es war ein Lager der Deutschen, nachdem sie Frankreich besetzt hatten.

Von dort wurde er nach dem Osten abtransportiert. Sie gingen nach dem Alphabet vor. Er hieß Blackmann, und so war er einer der ersten. Es war so, daß die ersten im Alphabet gar nicht versuchten, sich zu retten. Die späteren, die schon wußten, wohin es ging, haben versucht zu fliehen. Ich habe nie wieder etwas von meinem Mann gehört.«

Ein anderer Passagier der ›St. Louis‹, der von Belgien aufgenommen war, Frau Renée Loewenstein, berichtet über ihr Schicksal:

»Wir fanden eine Wohnung in der Rue Jeanne d'Ardenne. Wir wollten zu meinem Schwager nach Amerika. Wir warteten auf die Einreiseerlaubnis.

Mein Mann durfte nicht arbeiten; wir hatten das unterschreiben müssen. Belgien ist ein kleines Land, und sie konnten nicht noch fremde Leute arbeiten lassen. Die anderen Passagiere der ›St. Louis‹ sahen wir alle vierzehn Tage, wenn Zahltag war, im Büro des jüdischen Komitees. Dann marschierten die Deutschen in Belgien ein.

Am Morgen des 10. Mai wachte mein Mann auf und sagte: ›Das klingt wie Maschinengewehr.‹ Und ich sagte: ›Das ist doch nicht möglich.‹

Wir zogen uns an. Und da war auch schon die belgische Polizei. Wir wurden alle verhaftet. Unten stand ein großer Lastwagen, vollbeladen mit Deutschen, ohne Unterschied der Religion und Rasse. Wir waren nicht mehr Juden oder Christen. Wir waren jetzt alle Deutsche. Wir wurden in ein großes Schulhaus gebracht. Am Abend entließ man die Frauen und Kinder und die Männer über sechzig Jahre. Die anderen wurden dortbehalten.

Die Belgier wollten die Deutschen raus haben, ich verstehe das, sie waren jetzt Feinde ihres Landes. Man sagte, die Männer würden nach Frankreich gebracht, weil sie dort sicher seien.

Mein Mann kam nach Perpignan in den Pyrenäen. Dann nach Gurs in Südfrankreich, das damals noch nicht von den Deutschen besetzt war. Aus ganz Deutschland, besonders aus dem Rheinland, kamen viele Juden dorthin.

Vielleicht hätte er von dort flüchten können. Aber er hatte mir geschrieben, auf einer Karte, er hätte sein Ehrenwort gegeben, und er wollte sein Ehrenwort nicht brechen. Dann wurde das Lager von den Deutschen übernommen. Und von dort sind sie dann abtransportiert worden. Nach Auschwitz.

Es gab noch Feldpostkarten, und er schrieb einmal. Ich habe noch eine Karte von ihm bekommen, daß wahrscheinlich ein Transport gehen würde. Danach habe ich nie mehr etwas von ihm gehört.

Er ist als einer der letzten weggekommen.«

Auch die Familie Heymann und Alfons Grünthal wurden am 11. Mai 1940 in Brüssel von der belgischen Polizei verhaftet. Sie wurden aber nur ein paar Stunden in Haft gehalten. Dann wurden sie wieder freigelassen; Alfons Grünthal, weil er über sechzig Jahre alt war. »Wir sind dann, mit ganz wenig Gepäck, in einen Zug gestiegen«, erzählt Alfons Grünthal, »in den erstbesten Zug. Wir waren jetzt zu elft. Der Zug wurde beschossen; in Ostende war gerade ein großer Luftangriff, als wir dort ankamen. Ostende und Brüs-

sel waren damals noch nicht von den Deutschen besetzt. In
Ostende haben wir in einem Luftschutzkeller übernachtet.
Wir mußten sehr vorsichtig sein. Ich habe allen eingeschärft,
nicht zu reden. Wir sprachen deutsch; und wir waren ja Feinde. Am Morgen nahmen wir eine Straßenbahn und fuhren
nach De Panne. Unser Ziel war immer noch Frankreich.
Wir wollten unser Leben retten. Wir liefen tagelang. Wir
flohen vor den Bomben und Tiefffliegern. Es wurde ge-
schossen. Mal waren wir allein, mal zu Tausenden. Die
Straßen waren voller Flüchtlinge. Wir haben auf der Land-
straße und in Scheunen übernachtet. Wir blieben in einem
Ort, bis uns ein Gerücht wieder vorantrieb. Wir aßen fast
nichts, mal unreife Birnen von Bäumen, mal bettelten wir.
Bei Latanne gingen wir über die französische Grenze. Wir
kamen bis St. Omer. Wir haben dort in einem Kloster bei
Nonnen übernachtet. Sie haben uns zu essen gegeben. Ein
paar Tage später übernachteten wir in der Scheune, die zu
einem Schloß gehörte. Es waren Hunderte von Flüchtlingen.
  Plötzlich, am Morgen, waren die Deutschen da. Wir wollten weglaufen, aber wir gerieten in einen schrecklichen
Brand. Der ganze Wald um das Schloß brannte, und viele
sind umgekommen. Aber unsere Gruppe blieb zusammen.
Wir mußten umkehren. Als wir zurückkamen, waren die
Deutschen im Schloß. Wir dachten schon, es sei zu Ende. Wir
hatten nichts mehr zu verlieren. Ich bin dann zu dem
deutschen Offizier gegangen und habe ihm gesagt, wir sind
politische Flüchtlinge, Juden. Er sagte nichts. Wir warteten
in der Scheune. Nach einer Stunde kam der Bursche mit großen Kommißbroten. Dann hat er uns sogar in Kochgeschir-
ren noch Essen geschickt. Er hat es getan, obwohl er wußte,
daß wir Juden waren. Aber wir wollten weiter. Der Bursche
sagte uns, wir sollten in Richtung auf Dünkirchen marschie-
ren.

Wenn deutsche Soldaten uns deutsch sprechen hörten, haben sie uns geholfen. Und wir, die wir ja deutsch sprachen und dachten, haben uns jedesmal gefreut, einen Deutschen zu sehen. Wir kamen auch wirklich durch die deutschen Linien. Ich weiß nicht, wie. Wir gingen einfach weiter. Stella Heymann trug damals ein blaues Leinenkleid und eine rötliche Strickjacke. Die Franzosen haben geglaubt, das seien die französischen Farben. Sie sprach gut französisch. Wenn sie dann irgendwo hinkam, haben sie geglaubt, sie wäre eine Französin, und haben ihr Brot gegeben und ein paar Erbsen. Es wurde dann ein großes Feuer gemacht. Wir haben alles zusammen in einen großen Topf getan. Wir haben dann alle davon gegessen. Nicht nur wir elf, sondern alle. Manchmal hatten wir Grieß, dann haben wir Grießbrei gekocht.
So haben wir uns durchgehungert bis zur Küste, nach Dünkirchen.«

Die Flüchtenden machten an diesem Morgen den letzten Versuch, auf eines der Schiffe zu kommen. Sie wateten durch das seichte Wasser. Die meisten Boote hatten schon abgelegt und verschwanden in der Dämmerung. Mit bleichen Gesichtern, ein verlorener Haufen, wateten sie zu einem der Boote. Es war so überfüllt, daß Soldaten ins Wasser sprangen, damit es freikam. Sie waren bis auf ein paar Meter heran, als das Boot sich vom Sand löste. Sie klammerten sich an die Reling und versuchten, die Kinder hinaufzureichen. Aber die Soldaten auf dem überfüllten Boot hatten selber Angst um ihr Leben. Es wurde jetzt schnell hell, und mit dem Tag, das wußten sie, kamen die deutschen Sturzkampfverbände. Sie stießen die Zivilisten zurück, und das menschenüberfüllte Boot entfernte sich immer mehr. Da gingen sie, die Kinder an der Hand, an den Strand zurück. Sie taten nichts, sie suchten nicht einmal Schutz, als die Flieger kamen. Sie flogen sehr niedrig, und das Geheul ihrer Motoren füllte den ganzen Himmel. Sie standen einfach dort und starrten nur den Schiffen nach.

Gegen Mittag verließen sie den Strand. Die Sonne prallte heiß herab. Sie gingen die Feldwege an den Weidenzäunen entlang. Ganze Herden von Kühen drängten sich an den Zäunen. Sie waren seit Tagen nicht gemolken. Ihre Euter waren geschwollen; das Gebrüll der Tiere begleitete die Flüchtenden den ganzen Weg. Manchmal begegneten ihnen versprengte Truppen englischer und französischer Soldaten. Von weither hörten sie das Geheul von Granaten. Aber sie schleppten sich weiter, über die staubigen Wege zwischen den hohen Pappeln. Gegen Abend erreichten sie ein Waldstück in der Nähe von Bergues. Sie rasteten in der Kühle des Waldes, ehe sie weiterflohen. Der Kampflärm wurde immer lauter.

Sie gerieten genau in die Frontlinie, dort, wo ein englisches Bataillon die Einschiffung deckte. Sie liefen in die Maschinengewehrgarben eines deutschen MG-Standes.

In der Morgendämmerung wurden sie gefunden. Sieben Frauen und drei Kinder. Nur einer der elf überlebte.

Bergues war am Mittag des 2. Juni 1940 von deutschen Truppen eingenommen worden. Zu der Truppe, der 18. Infanteriedivision, gehörte auch Jan Lüttgens, Klarinettist der Bordkapelle der ›St. Louis‹.

»Ich wollte, ich hätte diesen Tag nie erlebt«, berichtet Jan Lüttgens. »Wir kamen am Nachmittag des 2. Juni nach Bergues, unmittelbar nach dem schweren Stuka-Angriff. Am nächsten Tag brannte das Dorf immer noch. Ich gehörte zu einer Fahrbereitschaft. Wir standen mit unseren Wagen auf dem zerschossenen Marktplatz. Der Marktplatz war voller

Flüchtlinge. Es war am Mittwoch den 3., als ich den alten Mann bemerkte. Er ging von Wagen zu Wagen, dann kam er auch zu uns. Er fragte, ob wir ihn mitnehmen könnten. Er sprach deutsch.

Auf dem Vormarsch, wenn an den Straßenrändern die Flüchtlingskolonnen an uns vorbeizogen, hatte ich oft an die Passagiere der ›St. Louis‹ gedacht. Der Gedanke, was aus ihnen geworden war, hatte mich nicht losgelassen. Manchmal glaubte ich, ein Gesicht zu erkennen. Aber sie sahen alle gleich aus. So wie dieser Alte auf dem Marktplatz von Bergues.

Ich ging auf ihn zu und fragte, wohin er denn wolle. Er sah mich an und brachte kein Wort heraus. Er stand dort hilflos wie ein Kind und wollte weitergehen. Ich fragte ihn nochmals, aber er schüttelte den Kopf. Er war vollkommen verstört. Er starrte auf meine Uniform, auf den Hoheitsadler auf der rechten Brust ...«

Alfons Grünthal erinnert sich:

»Es war am Tag danach, auf dem Marktplatz eines Dorfes. Den Namen weiß ich nicht einmal. Ich versuchte, mit einem Wagen wegzukommen. Ich ging von Wagen zu Wagen und fragte. Plötzlich sprach mich jemand an, ein Soldat, und er fragte, wohin ich wolle. Ich hatte schreckliche Angst. Ich hatte jetzt keine Kraft mehr, zu flüchten. Ich sagte, daß ich Jude sei.

Er fragte nach meinem Namen. Und dann kam es heraus, daß er auf der ›St. Louis‹ gewesen sei, einer von der Besatzung des Schiffes...«

Jan Lüttgens berichtet:

»Ich wollte, ich hätte ihn nie getroffen auf dem Marktplatz von Bergues. Ich wollte, ich wäre blind geblieben bis zum Ende. Er war einer der neunhundert Passagiere der ›St. Louis‹. Nur einer von neunhundert. Es war so unwahrscheinlich, daß sich unsere Wege hier kreuzten. Aber es war so. Und dann erzählte er seine Geschichte, und wie die anderen zehn umgekommen waren ...

Ich habe ihn auf meinen Wagen gepackt, und wir sind losgefahren. Er fuhr mit mir herum, um sie zu suchen. Er führte mich kreuz und quer, und schließlich fanden wir sie; es war nur ein paar Kilometer weit.

Sie lagen an einem Waldrand. Man hatte noch keine Zeit gehabt, sie zu begraben. Eine Maschinengewehrgarbe hatte sie niedergemäht. Sie waren sehr entstellt, aber Stella erkannte ich. Ich hätte sie immer erkannt. Sie hatte noch immer die Augen, die unerschrockenen, niemandem ausweichenden Augen. Ich weiß nicht, wie lange wir dort standen. Der Alte weinte nur.

Ich dachte an Stella, wie sie in Hamburg an Bord kam; die zwei Männer sie zur Leibesvisitation abführten. Ich hörte noch ihre Worte. ›Es hat alles sein Gutes, so werden wir wenigstens nie Heimweh bekommen.‹ – Ich sehe ihren Vater, in dem kleinen, stickigen Zimmer in seiner Pension in Havanna. Und Arthur, Arthur Israel, den sein Vater Wilhelm getauft hatte, nach seinem Kaiser. Ich sehe sie in Antwerpen von Bord gehen, morgens, als in der Stadt die Glocken läuteten.

Ich wollte, ich hätte sie so in Erinnerung behalten ...

Wir haben sie dann begraben. Es war das einzige, was wir für sie tun konnten. Ich holte ein paar Leute. Wir gruben ihnen ein Grab in der weichen, sandigen Erde ...«

»Er hat mich dann an diesem Abend bis nach Brügge gebracht«, erzählt Alfons Grünthal. »Dort bin ich ausgestiegen. Ich habe in einem Bunker übernachtet, und er sagte, daß er mir am nächsten Tag einen Wagen schicke, der nach Brüssel ging. Und am anderen Morgen,war der Wagen wirklich da.

186

In Brüssel haben mich Leute versteckt. Sie haben mich aufs Land, auf einen Bauernhof gebracht. Dort habe ich den Krieg überlebt.«

Auch einige andere ›St.-Louis‹-Passagiere haben überlebt. Frau Renée Loewenstein hielt sich für Jahre in Brüssel versteckt, bis zum Ende des Krieges. 1945 nahmen Verwandte in Johannesburg sie auf, aber sie hatte das Visum nur bekommen, weil sie sich verpflichtet hatte, nicht zu arbeiten. 1952 endlich wanderte sie nach Amerika aus.

Frau Erna Blackmann und ihrer siebzehnjährigen Tochter gelang die Flucht 1942. Sie erinnert sich:

»Als die Deutschen kamen, konnten wir nicht in unserem Zimmer bleiben. Meine Wirtin sagte: ›Seid froh, daß ihr überhaupt lebt.‹ Brüssel galt trotzdem noch als die glückliche Insel. Überall wurden die Juden schon verhaftet, in Brüssel aber noch nicht. Die deutschen Soldaten benahmen sich korrekt. Sie haben sehr viel bei Juden gekauft und nach Deutschland geschickt. Sie benahmen sich so, daß die belgischen Juden uns deutsche Juden Lügner geschimpft haben.

Ab Mai 1942 mußten wir dann den Judenstern tragen. Wir mußten für jedes Kleid einen Judenstern auf der Kommandantur verlangen. Als die Belgier den Stern sahen, haben sie sich dann wundervoll benommen. Wenn sie uns sahen, haben sie uns ostentativ gegrüßt. Sie haben uns geholfen, wo sie konnten.

Zuerst habe ich mich gesträubt, aus Brüssel wegzugehen, weil ich dachte, ich würde noch von meinem Mann hören. Die Belgier haben mir und meiner Tochter falsche Papiere besorgt. Ich hatte zwei Ausweiskarten, eine als Belgierin und eine als Französin.

Sie haben uns einen Führer mitgegeben; einen, der viele

von uns an die Grenze brachte. Er saß nicht mit uns im selben Abteil des Zuges, aber man hatte das beruhigende Gefühl, er war da. Die Kontrollen mußten wir natürlich selber bestehen.

Wir kamen gut bis Belfort. Wir mußten in einem Hotel übernachten. Jedesmal kamen deutsche Kontrollen. Wir haben natürlich gezittert. Sie gingen aber wieder, ohne uns kontrolliert zu haben.

Am nächsten Tag hieß es, die Autobusse werden kontrolliert. Wir beschlossen zu laufen. Von dort waren es noch vier bis fünf Stunden zu laufen bis zur Grenze. Bei uns waren noch eine Frau und drei Kinder; belgische Juden. Wir liefen also und sangen französische Lieder, obwohl uns weiß Gott nicht danach zumute war. Die Deutschen haben uns nicht aufgehalten, aber zwei französische Gendarmen. Sie haben uns auf den Kopf zugesagt. ›Macht uns nichts vor, ihr seid Juden.‹

Ich hab' gesagt: ›Wir sind keine Juden, wir machen eine Ferienwanderung.‹

Er sagte: ›Die Deutschen werden euch doch erwischen.‹ Aber sie ließen uns ziehen.

An der Schweizer Grenze sollten wir einen Herrn Gerard treffen. Er hat uns ein Zimmer besorgt. Er sagte zu mir und meiner Tochter: ›Euch zwei kann ich mitnehmen. Aber die Frau mit den drei Kindern nicht. Wenn die Kinder schreien, ist die ganze Kolonne in Gefahr.‹

Wir sind drei Wochen versteckt worden, in einem Gasthaus am Berg. Es hat sich keiner gefunden, der uns rüberbrachte. Man mußte durch Wasser und über Berge; allein konnte man das nicht machen. Nach drei Wochen hat sich dann der Postmann des Dorfes erbarmt. Er hat uns auf einen Heuwagen gesetzt. Wir mußten Milchkannen in die Hand nehmen und damit zu einem Bauern an der Grenze laufen.

Er hat uns im Keller versteckt und dann in der kommenden Nacht durch das Wasser über die Grenze gebracht. Aber da kam auch schon die Schweizer Polizei. Wir hatten aber schon das Niemandsland überschritten, und sie konnten uns nicht mehr zurückschicken. Sie haben dann Bern angerufen, die Fremdenpolizei, und sie haben uns reingelassen. Wir kamen dann ins Gefängnis. Es hat neun Wochen gedauert, bis alles geklärt war. Dann kamen wir nach Büren in ein Lager; Sumpf, Baracken. Dann nach Bienenberg. Es war wieder ein Lager, aber wir lebten. Bis zum Januar 1945 blieben wir dort. Am Ende des Krieges wurden wir vom Roten Kreuz nach Belgien zurückgebracht. Im Mai 1949 hat mein Schwager uns nach Amerika geholt.«

Auch andere überlebten.

Der Familie Philippi gelang es, ein Schiff nach Chile zu bekommen, ehe Holland besetzt wurde.

Dr. Ernst Vendig vom Bordkomitee gelang die Flucht in die Schweiz.

Dr. Fritz Spanier überlebte mit seiner Familie als Chefarzt des Lagers Westerbork.

Moritz Heymann wurde im Januar 1942 in Havanna verhaftet und zusammen mit Tausenden anderer Angehöriger der Achsenmächte in einem Lager auf der Insel Pinos interniert. Er blieb dort bis Kriegsende und wanderte dann nach Amerika aus. Er hat den Tod seiner Frau und seiner Kinder erst nach Jahren erfahren.

Auch der größte Teil der 284 Passagiere, die nach England gebracht worden waren, überlebte den Krieg. Aber selbst ein Teil von ihnen fand einen grausamen Tod. Sie starben, als die ›Arandora Star‹ am 2. Juli 1940 auf der Überfahrt nach Kanada torpediert wurde. Auf dem Schiff befanden sich über 1600 Menschen, gefangene deutsche Seeleute, Auslandsdeutsche und Passagiere der ›St. Louis‹. Die genaue Zahl der ›St.

Louis‹-Passagiere, die dabei umkamen, ist nicht bekannt, aber es waren über achtzig.

Über Arthur Heymanns Schicksal ist nicht viel bekannt. Er wurde zuerst in England als ›feindlicher Ausländer‹ verhaftet. Man weiß, daß er sich dann zur Armee meldete. Er war bei den englischen Truppen, die 1944 in der Normandie landeten. Er steht auf der Gefallenenliste des ersten Tages, aber wir haben keine Zeugen für seinen Tod gefunden.

Für die anderen Passagiere der ›St. Louis‹ war das Ende eine erschütternde Folge von Flucht und Tod. Die Verfolger hatten sie endgültig erreicht.

Von den 623 Passagieren der ›St. Louis‹, die Belgien, Holland und Frankreich aufgenommen hatten, überlebten nicht mehr als 40 den Krieg.

Westerbork, das Lager, in dem die holländische Gruppe untergekommen war, wurde die Sammelstelle für die Transporte nach Bergen-Belsen und Theresienstadt.

Von Drancy bis Paris und Gurs in Südfrankreich, das für die meisten aus Frankreich und Belgien zur Endstation wurde, gingen die anderen Transporte ...

Wir kennen das grausame Ende.

Aber dieser Bericht erzählt nicht davon.

Er berichtet von einer Schuld, an der wir alle teilhatten, und sei es nur aus Angst oder aus Gleichgültigkeit. Dieser Bericht erzählt von den neunhundert Frauen, Kindern und Männern der ›St. Louis‹, die die Freiheit suchten und den Tod fanden.

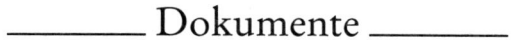

Dokumente

Aus dem Inhalt:

Geheime Erschiessungen — Ber. liner Ghetto - Vorbereitungen — Ein grosser Dichter starb (Joseph Roth) — Das Pittsburgh Palästinas entdeckt —. Einer neuen. europäischen Krise entgegen — Quer durch die World's Fair — New Yorker Tagebuch — Für wen noch leben?! Antwort an Mutlose — "From Vienna". — Ein Dasein im Glanz — Wie wir hören — Wall Street - Telegramm u. v. a. m.

5. Jahrgang   NEW YORK, 15. JUNI 1939   No. 11
Umfang: 24 Seiten.

Make Democracy Work to Halt Intolerance

By HAROLD L. ICKES, U. S. Secretary of the Interior

I believe that there is a vital connection between democracy and tolerance. Certainly the nineteenth century, which witnessed the onward march of democratic institutions throughout the civilized world, also witnessed a growing tolerance toward religious and political minorities and a growing recognition of the individual and his right to equality before the law without regard to religion, race or political opinion.

With the decline of democracy after the First World War, has come a resurgence of intolerance. No twentieth-century dictatorship has been willing to exert itself to defend and protect freedom of speech or religious liberty. Under dictatorial government, humble men and women have not been free to think their own thoughts, or to worship God in accordance with their own conscience.

I do not believe that it is a mere accident that democracy makes for tolerance and that intolerance characterizes autocracy. When men and women seek to govern themselves in a democracy, they must perforce have regard for each other's political opinions and religious views. It is the essence of democracy that minority opinions today may become the majority opinions of tomorrow. It is the essence of democracy, that the test of government is its power to get itself accepted in the market-place of public opinion where ideas are free and facts are sacred.

In a dictatorship, on the other hand, the dictator seeks to give the people, not the government that the people want, but the government that the dictator wants them to have. A dictator's power rests on military force because he is afraid to abide by the result of a free election. But the dictator seeks to conceal his fear of the people by arousing their fears, their passions and their prejudices against individuals, minority groups and nations which the dictator finds it convenient to picture as the deadly foes of the people.

Anti-Semitism is an age-old problem, but its recrudescence today in my judgment is a symptom of the decline of democracy. Anti-Semitism is most rope in countries where democracy and freedom have been thoroughly suppressed.

The decline of democracy in Europe may be traced to the failure of democracy to meet the economic needs of the people.

So far as anti-Semitism has made headway in America, that headway, I think, is due to the failure of our own democracy to meet promptly and more adequately the economic needs of our people.

There may be palliatives which may temporarily abate the growth of intolerance in our country, but the only real way to scotch anti-Semitism and other hateful forms of intolerance is to make our democracy work. As President Roosevelt has wisely pointed out, "As never before in our history, the well-being of those who have much, as well as those who have less, depends upon the contented society of good-will where the good-will rests on the solid foundation that all have enough."

"Vergässe ich deiner je, St. Louis . . ."

m. g. So schwer war es noch nie zu leben . . . Was können wir denen sagen, die beiseite schleichen und sich selbst das Tor öffnen in jene letzte Freiheit, die ihnen keiner mehr streitig macht?!

Was haben wir getan, dass sie noch im letzten Augenblick vielleicht mit Schöpfen und zurücktauchen aus dem Dunkel, das sie schon umrauscht?!

Mit fettem Lächeln und dem Mördergrinsen, diesem feilen schweinischen Gangsterhochmut brutalen Schlägertums, rieben sich die Totenkopfhelden vom Schwarzen Korps und die Plünderungshorden der braunen Brigaden von Satans Gnaden die parfümierten weichlichen Hände: "Wieder 900 Juden zum Teufel!". Und der Leibpornograph dieser traurigsten Epoche Deutschlands, die diesem einst so blühendem Reich den Untergang in Tod und Trümmern bringen wird, leckte in Nürnberg den Bleistift, um eine neue Gemeinheit seines unzüchtigen Hirns niederzukritzeln.

Ach, was nutzt es uns zu wissen, dass der "Stürmer" bald gestürmt sein wird und dass sie die Totenköpfe in nicht allzu ferner Zeit statt auf den Mützen auf den Körpern tragen werden?! Muss unterdessen das beste Leben unseres Volkes in Qual und Elend verrinnen?

Was nutzt es uns zu wissen, dass ein unerforschliches Schicksal der jüdischen Not die deutsche folgen lassen wird, dass diese beiden Völker, statt gemeinsam ihre Gaben zu einen, so verkrallt in einander sein müssen, dass sie das ewige Schicksal

Brandstiftung dokumentarisch belegt

Ein Freund unseres Blattes macht uns in Gestalt. eines einwandfrei echten Photostats folgendes Dokument zugänglich:

Staatliche Kriminalpolizei

Kriminalpolizeistelle Wien

Dauerdienst

Wien, am 10. XI. 1938

Judenaktion

Abschrift

Stapoleitstelle teilt um 7 Uhr 30 Min. fernmündlich mit:

Da von den Kripostellen der Pol. Aemter fortwährend Rückfragen an Gestapo gestellt werden, sind diese fernmündlich von folgendem zu verständigen:

Festzunehmen sind einflussreiche, wohlhabende, männliche Juden, deutscher Staatsangehörigkeit, nicht zu hohen Alters, welche einen gesunden Eindruck machen.

Besitzer von Handfeuerwaffen sind besonders streng zu behandeln und darüber besondere Amtsvermerke aufzunehmen.

Weiters ist streng geheim den Pol. Amtsdienststellen fernmündlich mitzuteilen, dass das Eigentum der inländ. Juden den Boden gleichzumachen ist. Die Polizei hat daher in derartigen Fällen nicht für die Juden einzuschreiten. Brandstiftungen können nur dort vorgenommen werden, wo nicht die Gefahr besteht, dass eine Feuersbrunst ausbricht, daher im verbauten Stadtgebiet in der Regel nicht.

Im Ganzen sollen etwa 3000 Juden festgenommen werden.

Amtsvermerk: Von dieser Weisung wurden sämtliche Pol. Aemter unter Hinweis auf die Vertraulichkeit der Mitteilung fernmündlich verständigt.

Unterschrift.

des immer neu über sie verhängten Todes
teilen?! Schon heute sind die anständigen
Deutschen hineingerissen in die Verach-
tung, die immer höher das Reich um-
schwillt, das sich von dem Abschaum der
Menschheit beherrschen lässt. Die Zeit ist
nicht fern, da kein Hund ein Stück Brot
von ihnen nimmt und Gerechte und Unge-
rechte werden im gleichen Krieg untergehen.
Aber unterdessen werden erst wir selbst
seelisch und leiblich vernichtet. Und woher
nehmen wir den Mut, der die Mauer der
Ausdauer und des Widerstandes um uns
baut?!

"St. Louis", Du Totenschiff, Du Schiff
der Heimatlosen, Du Sinnbild für den "Assimi", die "Flandre", den "Ossian", die
hundert anderen Schiffe, umherirrend auf
den Meeren, Du grässliches Symbol für die
Reife der Menschheit zum Opfer einer
neuen Sintflut, die da kommen wird mit
brausenden Bombengeschwadern des Todes,
mit den apokalyptischen Reitern, die um-
gesattelt sind auf den Ledersitz von Jagd-
fliegern und anderen Piloten der Vernichtung . . . "St. Louis", Du Wiege der Verzweiflung, Objekt der Erpressung, Gegen-
stand des Schachers, Du Schiff jener Reederei, die der Jude Ballin zum Ruhme eines
undankbaren Vaterlandes schuf, in dessen
Untergang er einst starb . . . "St. Louis",
Du Schiff, das an der Küste nicht landen
konnte, für deren Befreiung als erster Soldat Jakob Berlin, sechzehnjähriger Jude
und Rauhreiter Theodore Roosevelts, sein
Blut gab . . . "St. Louis", Du Schiff mit der
traurigaten Fracht, die je unter dem blauen
Himmel Westindiens kreuzte, Du sollst das
Schiff der Erinnerung heissen . . . Du sollst
es sein . . . noch aus den immer schmäler
werdenden Rauchfahnen, als Du wieder gen
Hamburg dampftest, einst eine stolze
Hansestadt und heute das Räubernest von
Piraten und Erpressern, konnten wir das
Orakel lesen: R-E-M-E-M-B-E-R . . .

Und da steigt in der Erinnerung noch
anderes Schicksal auf. Nein, wir Juden sind
nicht allein. Vielleicht allein, weil uns niemand hilft, aber nicht allein in unserem
Schmerz und dem Unrecht, das uns ange-
tan wird.

Da sind die Aethiopier, ausgerottet von
den italienischen Fliegern, und unterdrückt
und versklavt von ihren Eroberern . . .

Da sind die Millionen von Spaniern in
ihrem Lande, ausgeliefert den Blutgerich-
ten ihrer Fachisten, die sich die Dokumente und Argumente zu der Hinmetzlung
ihrer eigenen Landsleute von italienischen
und deutschen "Bundesgenossen" besorgen
lassen . . . und die Hunderttausende spani-
scher Kämpfer, Frauen und Kinder, die in
den Konzentrationslagern auf fremder Erde
liegen . . .

Da sind die Basken, deren Land ver-
wüstet ist wie ein Acker nach einem Wol-
kenbruch . . .

Da sind die Tschechen und die irregelei-
teten Slovaken, die die Beute fremder
Machthaber geworden sind und die braune
Pest im eigenen Land haben . . .

Da sind die Hunderttausende in Süd-
afrika und Südamerika, die verkauft werden an die Agenten der beutegierigen
Mächte des Faschismus . . .

Da sind die Freiheitskämpfer in Mexico,
die bedroht sind vom Schicksal des loya-
listischen Spanien . . .

Sie und wir . . . wir sind die Opfer einer
Macht, jener Macht, die in Berlin und Rom
ihren Sitz aufgeschlagen hat und zu deren
Sturz der Wille nun in der Welt heran-
reift . . .

Der Präsident im Exil, Eduard Benesch,
hat in der vorigen Nummer dieser Zeit-
schrift zur Sammlung gerufen, und der
treueste Freund des Präsidenten dieses
Landes, in dem wir leben, fügt heute Worte

der Ermunterung und der Kampfbereit-
schaft hinzu. Wir Juden dürfen, wer wir
auch sind, nicht abseits stehen. Wir haben
kein Recht hinzugeben, wenn unser privates
Schicksal zum Richtpunkt unseres Lebens
zu machen. Wir sind nicht allein! Wir sind
ein wichtiger Sektor in der Kampffront,
und wir haben in demselben Schützengra-
ben zu liegen und auszuharren, wieviele
auch fallen mögen, um an dem Tage
dazusein, an dem es heisst: "Es lebe die
Freiheit der Welt!".

Und über unseren Kämpfern wird die
Fahne der "St. Louis" wehen, und die
Fahne von Buchenwald und Dachau, von

Das Schiff von Cuba

Von BERTHOLD VIERTEL

*Der Dichter, der als Theaterdirek-
tor in Berlin, Dresden und Wien
einer der schöpferischsten Vorkämp-
fer der jungen deutschen Literatur
war und später als Filmregisseur in
Berlin, London und Hollywood wirkte,
weilt in diesen Tagen in New York.
Er ist hier vor einem auserlesenen
Publikum in der "German American
Writers Ass'n." neue Gedichte vor.
Seit seinen ersten Bänden "Die Spur"
und "Die Bahn" hat er nie aufgehört,
ein Lyriker zu sein und legt jetzt seinen neuen Band "In diesem Augenblick" vor. Erschüttert durch die Er-
eignisse der letzten Tage schuf er
die folgenden Strophen, die er dem
"Aufbau" zur Erstveröffentlichung
übergab.*

Schiff mit der Menschenfracht, die es den
    Küsten
Wie ein Hausierer seine Ware bietet.
Wen wird es nach den Flüchtlingen ge-
    lüsten?
Wo ist das Land, das Menschen kauft,
    tauscht, mietet?

Wo öffnet sich ein Hafen, zu empfangen
Die ausgestossenen Tausend, die sich bergen
In den Kajüten? Die an Bord gegangen
Aus einer Welt von Händlern und von
    Schergen?

Wir sehen euch in Traum und Wachen,
    kennen
Wir euch doch alle, Männer, Frauen, Kinder,
Die nun das gleichgültige Meer berennen,
Fliehende aus dem Reich der Menschen-
    schinder.

Noch wenn ihr hinsinkt, laufen eure Füsse,
Im Schlaf sogar, um rascher anzukommen.
Und mancher träumt vom Glück: wie er
    ans Ufer
Und gnadenreiche Ufer unversehrt ge-
    schwommen.

Mancher liegt wach und plant, hinabzu-
    springen
Und bis zum Grund der Ewigkeit zu
    tauchen,
Wo Juden frei sind und vor allen Dingen
Mehr keinen Pass und keinen Judenstempel
    brauchen.

Ein billiger Vorsatz, schwierig auszuführen,
Den das Begleitschiff wacht mit türkischer
    Sorge
Auch vor das Todes wellennassen Türen,
Dass keiner sich den unbefugten Einlass
    borge.

So kreuzt das Schiff seit Tagen, langsam
    treibend
Und ohne Ziel, mit zögernden Maschinen,
Stets fern genug von jeder Küste bleibend:
Neunhundertsieben Juden. Möven folgen
    ihnen.

Und kelfen unbekümmert, schrille Zetern
Der Menschenangst, die sie ja nicht be-
    greifen.
Wie sie mit glasigem Blick nach Beute
    äugen
Und die besonnte Oberfläche streifen.

Doch sind sie nicht klug genug, das zu er-
    sinnen:
Die Marter, die der Mensch allein erfindet,
Wie ahnten sie die Tränen, die blind rinnen,
Bis mit dem Auge auch das Herz erblindet!

Sie zählen nicht die würgenden Minuten,
In die dem Harrenden der Tag sich spaltet,
Und nicht die Stunden, die wie Wunden
    bluten,
Und nicht das Jahr, das hoffnungslos ver-
    altet,

Wenn Haar und Wange in der Not er-
    bleichen
Dem Ausgesetzten, den kein Recht bekleidet,
Der keine Bleibe hat in allen Reichen
Und jeden Bettler um den Pass beneidet. —

Schwimmt nicht dies Schiff in einer Flut
    von Zähren,
Um in der Bucht des Unheils schwer zu
    landen?
Und eine Jüdin wird auf ihm gebären —
Wehe, wenn erst die Wehen überstanden!

Wo wird der neue Bürger eingetragen?
Wer wagt es, seine Ankunft zu verkünden?
Wir aber leben auch in diesen Tagen
Das Dasein unserer Unterlassungssünden.

Weitersagen!

Die Refugees nehmen den Einheimischen
den "Job" fort? Wenn Dir das einer sagt,
gib ihm dieses kleine Beispiel:
Der "British Home Secretary" hat im
englischen Unterhaus festgestellt, dass bis
Ende 1938 sich 11,000 Einwanderer in England niedergelassen haben. Diese Einwanderer haben 15,000 bis dahin stellungslosen
Arbeitern Arbeitsplätze gegeben. Dies sind
amtliche Ziffern!

Wien und Tabor, von Oranienburg und
Sachsenhausen. Die Fahnen werden noch
dem Brandgeruch der Synagogen dunsten
und den des blutig gepeitschten Fleisches
und der Seufzer, die in den Folterzellen der
Gestapo verhauchten. Und über die Fahnen werden sein mit den zerfetzten Fahnen von
Gondar und Gualajara, mit denen des böh-
mischen Löwen und des Davidsterns von
Hebron und den Fahnen der Völker der Welt, die
aufstehen gegen die Schänder der Menschheit. Und auf den Fahnen wird ein Wort
stehen, ein Donnerwort der grossen Ab-
rechnung: R-E-M-E-M-B-E-R!

Herrn Präsident Gottschalk[*]

Wir Passagiere der ›St. Louis‹ können erst jetzt ermessen, daß vor allem Ihnen, verehrter Herr Präsident, unser unauslöschlicher Dank gebührt. Ihnen danken wir Ihre entscheidende Tat, Anregung zu unserer Aufnahme in Belgien und damit zu einer wirklichen Lösung gegeben und durch Ihre heißen und unermüdlichen Bemühungen zur Verwirklichung dieser kaum noch erhofften Lösung unser Schicksal zu einem glücklichen gewendet zu haben. Der in Belgien weilende Teil der Passagiere empfindet es als besonderen Vorzug, weiterhin Ihrem engeren Tätigkeitsbereich näher sein zu können und zu wissen, daß die noch vorhandenen Sorgen wegen Weiterwanderung und Sicherung der wirtschaftlichen Existenz während des Zwischenaufenthaltes in Belgien bei Ihnen warmes Verständnis und rege Aufmerksamkeit finden.

Die ›St. Louis‹-Passagiere ...

August 1939

---

[*] Max Gottschalk, Präsident des jüdischen Flüchtlingskomitees von Belgien.

Hafen Antwerpen, 18. 6. 1939

Herrn Kapitän S c h r ö d e r an Bord M. S. ›St. Louis‹

Hochverehrter Herr Kapitän!

Als wir in Hamburg Ihr schönes Schiff betraten und auf der Fahrt nach fernen und unbekannten Gestaden waren, ahnten wir noch nicht, welch seltsames und schweres Geschick uns beschieden sein würde. Nach den ungeheuren Sorgen in der Heimat, die wir verließen, nach den aufreibenden Vorbereitungen der Ausreisearbeiten war Ihr wunderschönes Schiff, Herr Kapitän, Ihre sichtbar waltende Fürsorge für die Passagiere, die fabelhafte Verpflegung, die Aufmerksamkeit Ihres gesamten Personals und insbesondere aller Ihrer leitenden Herren so eindringlich und geradezu überwältigend, daß wir fast vergessen konnten, was zu verlassen und zu verlieren wir im Begriffe waren. Als dann das Unheil von Havanna über uns hereinbrach und Sie mit uns den Hafen unserer Hoffnungen verlassen mußten, war es wiederum Ihre unendliche Güte und Geduld, Ihr menschliches Verstehen und mitfühlendes Herz, das es uns ermöglichte, in täglicher und stündlicher Zusammenarbeit mit Ihnen unsagbares Unheil und Elend, eine Panik von unabsehbaren Folgen zu vermeiden.

Daß Sie, Herr Kapitän, in dieser vorbildlichen Arbeit mit uns zusammenwirkten, dafür, Herr Kapitän, danken Ihnen alle Passagiere, danken Ihnen ganz besonders die über 400 Frauen und Kinder der ›St. Louis‹ aus vollem heißen Herzen. Sie haben, als das Schiff sich weiter ent-

fernen mußte, unsere Hoffnungen neu belebt, indem Sie an der Küste von Florida langsam kreuzten und dadurch die schon in Verzweiflung Geratenen aufrichteten. Sie haben verständnisvoll Rücksicht geübt auf uns, als den meisten Passagieren auf der Rückfahrt das Bordgeld ausgegangen war.

Wir selbst haben die Vereinfachung der Speisekarte bei Ihnen angeregt, und jeder Passagier erkennt uneingeschränkt an, daß Verpflegung und Behandlung an Bord von Anfang bis Ende der Reise höchstes Lob verdienen.

Ihnen selber aber, Herr Kapitän, möchten wir sagen: In unseren Herzen und in den Herzen unserer Kinder wird eingegraben sein – dauernder als in Erz und Marmorstein – unvergeßlich und unauslöschlich das schöne Schiff ›St. Louis‹ und sein wunderbarer Kapitän S c h r ö d e r. Auch den übrigen Herren der Schiffsleitung gilt dieser unser Dank und Anerkennung.

In verehrungsvoller steter Dankbarkeit die Passagiere der M. S. ›St. Louis‹ von der Havanna-Fahrt Mai-Juni 1939

Zeittafel
(1933–1939)

——— 1933 ———

30. Januar	Nationalsozialistische Machtergreifung: Hitler wird zum Reichskanzler ernannt.
27. Februar	Reichstagsbrand. Verbot der Linkspresse, erste große Verhaftungswelle, Verhaftung aller kommunistischer und vieler sozialdemokratischer Führer.
28. Februar	Verordnung ›zum Schutz von Volk und Staat‹, Aufhebung der demokratischen Grundrechte.
5. März	Letzte Reichstagswahl mit allen Parteien (NSDAP 288, SPD 120, KPD 81, Zentrum 73, DNVP 52, BVP 19, Dt. Staatspartei 5, DVP 2 Mandate).
März	Erste ›Einzelaktionen‹ gegen jüdische Bürger.
9. März	Im Rheinland, in Magdeburg, sowie in Berlin blockieren Nationalsozialisten Warenhäuser, Einheitspreisgeschäfte und Läden, von denen man annahm, daß die Besitzer Juden sind. Göring versichert dem ›Centralverein deutscher Staatsbürger jüdischen Glaubens‹, daß die Sicherheit des Lebens und des Eigentums der jüdischen Staatsbürger, die sich der Regierung gegenüber loyal verhalten, gewährleistet sei.
17. März	Beschränkungen für jüdische Rechtsanwälte in Breslau, Ausschaltung jüdischer Richter und Staatsanwälte bei den Berliner Strafgerichten, Kündigung der Dienstverträge der jüdischen Ärzte an den Berliner Krankenhäusern.

197

22. März	Bildung des Referats für Rassenhygiene beim Reichsinnenministerium.
23. März	Gegen die Stimmen der SPD nimmt der Reichstag das Ermächtigungsgesetz an, das Adolf Hitler für vier Jahre auch die gesetzgebende Gewalt überträgt. Ende der parlamentarischen Demokratie in Deutschland.
26. März	Hitler und Goebbels drohen mit Boykott aller jüdischen Warenhäuser und Geschäfte sowie Einführung eines Numerus clausus für jüdische Ärzte und Rechtsanwälte, falls die ausländischen Boykott- und Protestaktionen gegen ›angebliche‹ antijüdische Maßnahmen nicht aufhören.
27. März	Zurückziehung jüdischer Richter und Staatsanwälte aus der Strafrechtspflege in Preußen, Bayern und Württemberg.
27. März	Die NSDAP veröffentlicht das 11-Punkte-Boykottprogramm jüdischer Geschäfte, Warenhäuser, Ärzte und Rechtsanwälte für den 1. April. Der Boykott sei eine reine Abwehrmaßnahme und ausschließlich gegen deutsche Juden gerichtet. Ausländer sollen ohne Rücksicht auf ihre Konfession und Herkunft verschont bleiben.
1. April	Boykott aller jüdischen Geschäfte in Deutschland von 10 Uhr vormittags bis zum Abend. Die jüdischen Geschäfte und Büros wurden mit besonderen Plakaten kenntlich gemacht, die davor aufgestellten Posten der SA und SS warnten das Publikum vor dem Einkauf bzw. Betreten. Personen, die dies trotzdem taten, wurden gegebenenfalls festgestellt und fotografiert. Massenkundgebungen und Demonstrationszüge hatten die Boykottidee zu propagieren. Der Vorsitzende des ›Zentralkomitees der NSDAP zur Abwehr der jüdischen Greuel- und Boykotthetze‹, Streicher, erklärte, daß für den Fall, daß das Weltjudentum es wagen sollte, mit seinen Lügen fortzufahren, der deutsche Abwehrboykott bis zur

völligen, nie wieder gutzumachenden Vernichtung des Judentume fortgeführt werden solle. Weisung des kommissarischen preußischen Justizministers Kerrl: allen jüdischen Richtern sei nahezulegen, ihr Urlaubsgesuch einzureichen; anderenfalls sei aber für diese ein Hausverbot auszusprechen. Jüdische Staatsanwälte und Beamte im Strafvollzug seien umgehend zu beurlauben, jüdische Laienrichter (Schöffen, Geschworene, Handels- und Arbeitsrichter usw.) seien nicht mehr einzuberufen. Beginn der Ausschaltung der Juden aus den Handelskammern, den Spitzenorganisationen von Film, Theater, Kunst und Presse sowie jüdischer Lehrer und Ärzte.

7. April   Einführung des ›Arier-Paragraphen‹ im Gesetz zur Wiederherstellung des Berufsbeamtentums: Beamte, die nicht arischer Abstammung sind, sind in den Ruhestand zu versetzen, ausgenommen nichtarische Beamte, die entweder am 1. August 1914 bereits Beamte waren oder die im Weltkrieg an der Front für Deutschland oder seine Verbündeten gekämpft haben, oder deren Väter oder Söhne im Weltkrieg gefallen sind.

12. April   Die neue preußische Studentenrechtsverordnung bestimmt: »Die volleingeschriebenen Studenten haben bei der Immatrikulation ihre arische Abstammung ehrenwörtlich zu versichern.«

22. April   Jüdische Ärzte bei Krankenkassen nicht mehr zugelassen, Kriegsteilnehmer ausgenommen.

25. April   Gem. Reichsgesetz dürfen nur noch 1,5% nichtarische Schüler oder Studenten zugelassen werden. Kinder von Frontkämpfern und Mischlinge bleiben vorerst außer Betracht.

4. Mai   Gründung der Gestapo.

6. Mai   Nichtarier nicht mehr als Steuerberater zugelassen.

10. Mai   Bücherverbrennung: Verbot der ›jüdischen‹ und ›demokratischen‹ Literatur. Zu einer entsprechenden Säuberung der Privat-

bibliotheken wurde aufgefordert. Die Vernichtung der Bücher wurde in den verschiedenen Städten durch öffentliche Verbrennung durchgeführt. In der preußischen Dichterakademie trat ein größerer Wechsel ein. Ausgeschieden sind u. a.: Alfred Döblin, Ricarda Huch, Ludwig Fulda, Georg Kaiser, Bernhard Kellermann, Thomas Mann, René Schickele, Fritz von Unruh, Jakob Wassermann und Franz Werfel. Kultusminister Rust gibt die Beseitigung jüdischer Professoren von den deutschen Universitäten bekannt. Von den deutschen Studenten wird vielfach zum Boykott der Vorlesungen der noch verbliebenen nichtarischen Professoren aufgefordert.

21. Juni — Geschäfte mit arischen Inhabern können ab sofort als Warenzeichen der deutschen Mittelstandsgeschäfte von der SA-Selbsthilfe-Arbeitsgemeinschaft ein parteiamtliches Schild mit der Aufschrift ›Deutsches Geschäft‹ gegen eine Jahresgebühr beziehen.

30. Juni — Beamte müssen bei der Neueinstellung auch die arische Abstammung ihrer Ehefrau nachweisen.

3. Juli — Durch Reichsgesetz wird bestimmt, daß Personen nichtarischer Abstammung nicht mehr als Reichsbeamte berufen werden dürfen und daß Reichsbeamte, die mit Nichtariern eine Ehe eingehen, zu entlassen sind.

7. August — Für Angehörige der Reichswehr und Marine wurde die Heirat mit Nichtariern für die Zukunft ebenso wie bei den Beamten verboten.

22. September — Reichskulturkammergesetz bietet Grundlage für den Ausschluß der Juden aus Literatur, Musik, bildender Kunst, Theater und Filmwesen.

29. September — Goebbels in einer Rede vor der internationalen Presse in Genf u. a.: Jeder habe gewußt, daß der Nationalsozialismus Gegner der jüdischen Vorherrschaft in Deutschland sei. Die gesetzmäßige Regelung sei die loyalste und humanste Methode gewesen.

1. Oktober	Reichserbhofgesetz: Erbhofbauer kann nur sein, wer unter seinen Vorfahren bis zum Jahr 1800 zurück kein jüdisches Blut hat.
4. Oktober	Schriftleitergesetz: »... Schriftleiter kann nur ein deutscher Reichsangehöriger mit bürgerlichen Ehrenrechten, arischer Abstammung (im Sinne des Beamtengesetzes mit Eheklausel) sein ... Übergangsmaßnahmen für einzelne jüdische Frontkämpfer und gesonderte Zulassungen von Nichtariern nur für die Handelsredaktion sollen noch geregelt werden ...«
15. Oktober	Austritt Deutschlands aus dem Völkerbund.
12. November	Erste ›Reichstagswahlen‹ im Dritten Reich (92% Ja-Stimmen).
20. November	In den Städten mit über 100 000 Einwohnern erfolgt ab Jahresende keine Neuzulassung von nichtarischen Ärzten zu den reichsgesetzlichen Krankenkassen, und zwar auch dann nicht, wenn auf diese Ärzte die Ausnahmebestimmungen der Arierklausel zutreffen. Auch die Neuzulassung von arischen Ärzten mit nichtarischen Ehegatten wird eingestellt.
1. Dezember	Gesetz zur Sicherung der Einheit von Partei und Staat: NSDAP Trägerin des dt. Staatsgedankens.

——— 1934 ———

11. Januar	Erlangung des Doktortitels für Nichtarier nur noch in besonderen Ausnahmefällen zulässig.
20. Januar	›Gesetz zur Ordnung der nationalen Arbeit‹ (Nichtarische Arbeitnehmer dürfen nicht mehr Betriebsführer und Vertrauensleute sein).
5. Februar	Nichtarier werden zur Staatsprüfung für Ärzte, Zahnärzte nicht mehr zugelassen.
12. März	Der Reichswehrminister verfügt, daß das Gesetz zur Wiederherstellung des Berufsbeamtentums (Arierparagraph) auch auf die gesamte Wehrmacht Anwendung findet.

20. April	Himmler wird Chef der Geheimen Staatspolizei in Preußen.
10. Mai	Der Reichsminister für Volksaufklärung und Propaganda, Joseph Goebbels, warnt in einer großen Sportpalastrede die Juden davor, wieder auf kulturellem Gebiet, auf Bühnen und in Redaktionen aufzutauchen. Nur wenn sie sich still und bescheiden zurückziehen und keinen Anspruch auf Voll- und Gleichwertigkeit erheben, würden sie in Ruhe gelassen werden.
30. Juni	Röhmputsch.
22. Juli	Arische Abstammung Voraussetzung für die Zulassung zu den juristischen Staatsprüfungen.
2. August	Tod des Reichspräsidenten von Hindenburg. Hitler vereinigt das Amt des Reichspräsidenten mit dem des Reichskanzlers und gibt sich den Titel ›Führer und Reichskanzler‹ (Vereidigung der Reichswehr auf Hitler).
18. August	Der preußische Unterrichtsminister verfügt, daß die für den Besuch von höheren Schulen geltenden Bestimmungen auch für die gewerblichen, kaufmännischen und hauswirtschaftlichen Fachschulen Geltung haben. Es können somit nur 1,5% der Gesamtzahl der Studierenden nichtarischer Abkunft sein.
31. August	Der ›Stellvertreter des Führers‹ untersagt in einem Erlaß an den Juristenverband allen Parteigenossen, Juden vor Gericht usw. zu vertreten, Fürsprache für Juden bei staatlichen und anderen Stellen, Ausstellen von Bescheinigungen aller Art für Juden, Annahme von Geldmitteln, die Juden für Parteizwecke geben wollen, Verkehr mit Juden in der Öffentlichkeit und in Lokalen, sowie das Tragen von Parteiabzeichen während der Geschäftsstunden, wenn Parteigenossen in jüdischen Geschäften tätig sind.
8. Dezember	Nichtarier werden zur Apothekerprüfung nicht mehr zugelassen.
13. Dezember	Arierausweis bei der Habilitation als Hochschullehrer erforderlich.

─────── 1935 ───────

19. Januar	Die ›Deutsche Adelsgenossenschaft‹ erklärt durch ihren Vorsitzenden und Adelsmarschall Fürst zu Bentheim-Tecklenburg, daß sie fest auf dem Boden des Nationalsozialismus stehe und für den Adel einen verschärften Ariernachweis für alle Ahnen bis 1750 verlange.
16. März	Wiedereinführung der allgemeinen Wehrpflicht in Deutschland.
12. April	Durch die Reichsschrifttumskammer werden sämtliche nichtarische Mitglieder ausgeschlossen. Da die schriftstellerische Betätigung an die Mitgliedschaft gebunden ist, wird es den Nichtariern nicht mehr möglich sein, diese Berufe auszuüben.
24. April	Ausschaltung der Juden aus dem Zeitungsverlagswesen durch Verordnung des Präsidenten der Reichspressekammer: Personen, die für sich und den Gatten den Nachweis der arischen Abstammung bis zum Jahre 1800 nicht erbringen, ist jegliche Betätigung im Zeitungsverlag untersagt.
25. April	In einer Verordnung des Reichsinnenministers zur Reichsflaggenordnung wird festgelegt, »daß infolge von Unzukömmlichkeiten Juden die Reichsflagge, insbesondere aber die Hakenkreuzflagge, nicht hissen dürfen.«
26. Juni	Halbjährige Arbeitsdienstpflicht für alle arischen Deutschen zwischen 18 und 25 Jahren eingeführt.
28. Juli	In den verschiedensten Städten Deutschlands haben die Stadtverwaltungen bekanntgegeben, daß der Besuch der städtischen Badeanstalten durch Nichtarier unerwünscht sei. Vielfach wurden den Nichtariern besondere Bäder zur Bernutzung zugewiesen.
18. August	Die Reichsregierung weist die Standesbeamten an, Eheschließungen zwischen Ariern und Nichtariern nicht mehr vorzunehmen.
6. September	Straßenverkauf jüdischer Zeitungen verboten.
15. September	Anläßlich des Nürnberger Parteitages (›Parteitag

der Freiheit‹) werden von dem in N. versammelten Reichstag die sogenannten *Nürnberger Gesetze* ›beschlossen‹, die die gesetzliche Grundlage für die weiteren Ausschaltungsmaßnahmen bilden:

1. *Reichsbürgergesetz:* Staatsangehöriger ist, wer dem Schutzverband des Deutschen Reiches angehört und ihm dafür besonders verpflichtet ist ... Reichsbürger ist nur der Staatsangehörige deutschen oder artverwandten Blutes, der durch sein Verhalten beweist, daß er gewillt und geeignet ist, in Treue dem deutschen Volk und Reich zu dienen. Der Reichsbürger ist der alleinige Träger der vollen politischen Rechte nach Maßgabe der Gesetze.

2. *Gesetz zum Schutze des deutschen Blutes und der deutschen Ehre:* Eheschließungen zwischen Juden und Staatsangehörigen deutschen oder artverwandten Blutes sind verboten. Außerehelicher Verkehr zwischen Juden und Staatsangehörigen deutschen oder artverwandten Blutes ist verboten. Juden dürfen weibliche Staatsangehörige deutschen oder artverwandten Blutes unter 45 Jahren in ihrem Haushalt nicht beschäftigen. Gesetzesübertretungen werden mit strengen Zuchthausstrafen bedroht.

26. September   Keine Kinderbeihilfen mehr für kinderreiche jüdische Familien.

30. September   Alle bisher von der Arierklausel nicht erfaßten voll- oder dreivierteljüdischen Beamten (Frontkämpfer oder andere Ausnahmen) werden mit sofortiger Wirkung vom Dienst beurlaubt. (Der Erlaß durfte nicht veröffentlicht werden.)

14. November   1. *Verordnung zum Reichsbürgergesetz:* Aberkennung des Wahlrechts und aller öffentlichen Ämter für Juden; Entlassung bzw. Pensionierung aller jüdischen Beamten einschließlich ehemaliger Frontkämpfer. Jüdische Mischlinge werden vorläufig als Reichsbürger anerkannt. *Definition:* Jude ist, wer von mindestens drei der Rasse nach volljüdischen Großeltern abstammt. Jüdischer Mischling ist, wer

von einem oder zwei der Rasse nach volljüdischen Großeltern abstammt. Mischlinge, die der jüdischen Religionsgemeinschaft angehören, die mit Juden verheiratet sind, sowie Mischlinge, die einer nach dem 15. 9. 1935 geschlossenen Ehe oder dem außerehelichen Verkehr eines Juden entstammen, gelten als Juden.

14. November   1. *Verordnung zum Gesetz zum Schutz des deutschen Blutes und der deutschen Ehre:* Eheschließungen zwischen Juden und Mischlingen zweiten Grades sowie zwischen Mischlingen zweiten Grades sind verboten bzw. nicht zulässig. Eheschließungen zwischen Ariern und Mischlingen ersten und zweiten Grades nur mit besonderer Genehmigung des Innenministers oder des Stellvertreters des Führers erlaubt. In allen Fällen von Eheverboten bzw. Unzulässigkeiten ist auch der außereheliche Geschlechtsverkehr verboten und strafbar.

15. November   Sämtliche jüdischen Träger eines öffentlichen Amts wie Stempelverteiler, Fleischbeschauer, Schiedsmänner usw. scheiden mit sofortiger Wirkung aus dem Amt.

26. November   An die Stelle der Bezeichnung ›Nichtarier‹ tritt jetzt das Wort ›Jude‹; ›arische Abstammung‹ wird durch den Begriff ›deutscher, oder artverwandtes Blut‹ ersetzt.

20. Dezember   2. *Verordnung zum Reichsbürgergesetz:* Nähere Bestimmungen über das Ausscheiden der jüdischen Beamten. Sämtliche jüdischen Ärzte an Krankenanstalten sowie Vertrauensärzte müssen mit Wirkung vom 31. 3. 1936 ausscheiden.

——————— 1936 ———————

11. Januar   Juden dürfen Steuerhelferberufe nicht mehr ausüben.

7. März   Hitler läßt die Wehrmacht in das entmilitarisierte Rheinland einmarschieren und kündigt den Locarno-Vertrag.

29. März	In einer sogenannten ›Volksbefragung‹ billigen 99% die Politik Hitlers.
16. Juni	Wehrgesetz neue Fassung: Juden vom aktiven Wehrdienst ausgeschlossen. Wehrfähige Juden werden der Ersatzreserve II überwiesen. Bei der ›Musterung‹ erhalten Juden einen sogenannten ‹Ausschließungsschein›.
29. Juni	Juden erhalten keine Erlaubnis für die Hilfeleistung in Devisensachen; auf Antrag darf jedoch der Reichswirtschaftsminister Juden und jüdischen Vereinigungen die besondere Erlaubnis zur Hilfeleistung für jüdische Auswanderer erteilen.
11. Juli	Keine Zuteilung von Bedarfsdeckungsscheinen an jüdische Einzelhandelsgeschäfte mehr.
18. Juli	Beginn des spanischen Bürgerkrieges.
1. August	Eröffnung der Olympischen Spiele in Berlin (antisemitische Schilder vorübergehend entfernt).
15. Oktober	Atteste jüdischer Ärzte werden nicht mehr anerkannt. Jüdische Lehrer dürfen keinen Privatunterricht an Deutsche erteilen.
25. Oktober	Deutsch-italienischer Bündnisvertrag; Gründung der ›Achse Berlin-Rom‹.
20. November	Keine Reichszuschüsse mehr für jüdische Kleinrentner.
25. November	›Antikomintern-Pakt‹ Deutschland-Japan.
1. Dezember	In das Gesetz über die Devisenbewirtschaftung werden die §§ 37a und 37b eingefügt, welche Sicherungsanordnungen mit der Wirkung für zulässig erklären, daß über Devisenbestände nur mit einer besonderen Genehmigung verfügt werden kann. (Die Bestimmung ist zwar allgemein gefaßt, in der Praxis aber vornehmlich gegen Juden angewendet worden.)
7. Dezember	Verschärfung der Flaggenanordnung (vom 25. 4. 1935): Das Hissen der Reichs- und Nationalflagge und das Zeigen der Reichsfarben auch dem deutschblütigen Ehegatten eines Juden sowie anderen

Deutschblütigen, die mit einem Juden in einer Hausgemeinschaft leben, verboten.

———— 1937 ————

30. Januar	Verlängerung des ›Ermächtigungsgesetzes‹ um vier Jahre.
5. Februar	Juden dürfen keinen Jagdschein erhalten.
12. April	Juden nach den Nürnberger Gesetzen können nicht mehr ›Bürger einer Gemeinde‹ sein.
15. April	Juden können die Doktorwürde nicht mehr er langen.
11. Juni	Juden dürfen nicht mehr zu Sachverständigen bestellt werden. Keine Steuer- und Gebührenfreiheit mehr für mildtätige jüdische Stiftungen.
12. Juni	Geheimerlaß des Chefs der Sicherheitspolizei, Heydrich: Jüdische ›Rassenschänder‹ können nach Verbüßung der durch Gerichtsurteil festgesetzten Strafe in ›Schutzhaft‹ genommen werden. Bei Rassenschande zwischen einem Deutschen und einer jüdischen Frau ist letztere sofort nach Abschluß des Gerichtsverfahrens in Schutzhaft zu nehmen.
4. November	Juden wird die Anwendung des ›Deutschen Grußes‹ vor Gericht verboten.
5. November	Hitler enthüllt vor den Oberbefehlshabern der Wehrmacht und dem Reichsaußenminister seine Kriegspläne (Hossbach-Niederschrift).
16. November	Auslandspässe dürfen für Juden nur noch in bestimmten Ausnahmefällen ausgestellt werden, nämlich:

1. für die Auswanderung,
2. für Reisen im deutschen volkswirtschaftlichen Interesse,
3. bei schwerer Erkrankung oder bei Todesfällen von Angehörigen,
4. bei eigener Erkrankung,
5. zum Besuch von Kindern in ausländischen Erziehungsanstalten.

——————— 1938 ———————

20. Januar   Juden werden nicht mehr als Vermessungsingenieure zugelassen.

4. Februar   Bildung des Oberkommandos der Wehrmacht unter Hitler als Oberbefehlshaber.

5. Februar   Juden werden nicht mehr als Versteigerer zugelassen; bereits erteilte Erlaubnisse erlöschen bis 31. 7. 1938.

13. März   Anschluß Österreichs (›Ostmark‹).

14. März   Erste Judenmaßnahmen in der ›Ostmark‹. Viele Juden im letzten Augenblick geflohen. Zahlreiche Verhaftungen.

16. März   Juden in der ›Ostmark‹ verlieren das Stimmrecht.

18. März   Juden nach dem neuen Waffengesetz Herstellung, Bearbeitung, Instandhaltung, gewerbsmäßiger Erwerb, Verkauf und Verleih von Waffen verboten.

20. März   Ausdehnung der Judengesetzgebung auf die ›Ostmark‹.

28. März   Die jüdischen Gemeinden (›Kultusvereinigungen‹), bisher wie die Kirchen Körperschaften des öffentlichen Rechts, werden private Vereine, die einer jegliche Handlungsfreiheit ausschließenden Staatsgewalt unterliegen.

22. April   Verordnung gegen Tarnung jüdischer Gewerbebetriebe: Zuchthaus für deutsche Staatsangehörige angedroht, die dabei mitwirken, den jüdischen Charakter eines Gewerbebetriebes zu verschleiern oder für einen Juden ein Rechtsgeschäft abschließen und dabei zur Irreführung verschweigen, daß sie für einen Juden tätig sind.

26. April   Anmeldepflicht für alle jüdischen Vermögen über RM 5000,–.

17. Mai   Volkszählung. Erstmalig wird eine Abstammungserhebung durchgeführt, durch die zuverlässige Unterlagen über die Zahl der Juden und der Mischlinge gewonnen werden sollen.

19. Mai	Juden als Trauzeugen bei der Eheschließung von Deutschblütigen ausgeschlossen.
24. Mai	Die ›Nürnberger Gesetze‹ vom 15. September 1935 und ihre Durchführungsbestimmungen haben jetzt auch in Österreich Gesetzeskraft.
6. Juni	1. Sitzung der internationalen Flüchtlingskonferenz in Evian, die auf Initiative des amerikanischen Präsidenten Roosevelt einberufen wurde. Der Vertreter der USA gab bekannt, daß sein Land die Quote für Einwanderer aus Deutschland auf 27 300 je Jahr erhöht hat. Der französische Vertreter erklärt, daß Frankreich bereits 200 000 Flüchtlinge aufgenommen habe, aber trotzdem bereit sei, mitzuarbeiten. Die Vertreter der überseeischen Staaten bezeichneten die Möglichkeiten einer Aufnahme von Flüchtlingen, insbesondere aus intellektuellen Kreisen, als äußerst gering.
9. Juni	Juden werden mit Wirkung vom 1. 10. 1938 als Gasthörer an deutschen Universitäten nicht mehr zugelassen. Zerstörung der Münchner Synagoge.
10. Juni	Ausreisebeschränkungen für Wiener Juden: Ausreise nur aufgrund einer im Paß vermerkten Ausreisebewilligung gestattet. Grundsätzlich nur genehmigt: 1. zum Zwecke der Auswanderung, wobei der Betreffende sich verpflichten muß, ohne behördliche Genehmigung nicht in das Deutsche Reich zurückzukehren. 2. zum Zwecke von Geschäftsreisen, deren wirtschaftliche Notwendigkeit von der Handelskammer oder vom Industriellenbund zu bescheinigen ist.
14. Juni	Registrierungs- und Kennzeichnungspflicht für jüdische Gewerbebetriebe.
15. Juni	›Juni-Aktion‹ (auch ›Asozialen-Aktion‹ genannt): ca. 1500 Juden verhaftet und in Konzentrationslager gebracht (alle ›vorbestraften‹ Juden, einschließlich der wegen Verkehrsübertretungen Belangten).
20. Juni	Juden vom Börsenbesuch ausgeschlossen. Nach einer Bekanntgabe des ›Instituts zum Studium

der Judenfrage‹ sind vom 1. 2. 1933 bis 31. 3. 1936 rund 100 000 Juden ausgewandert, davon etwa ein Drittel nach Palästina. Der Ertrag der Reichsfluchtsteuer, der in den Rechnungsjahren 1931/32 und 1932/33 nur geringe Erträge erbracht hatte, ergab bisher insgesamt etwa 255 Mill. RM. Die Steigerung des Ertrages seit dem Jahre 1935 ist insbesondere darauf zurückzuführen, daß im Jahre 1934 die Freigrenze von 200 000,– RM auf 50 000,– RM herabgesetzt wurde.

6. Juli   Juden oder jüdischen Unternehmungen wird durch Reichsgesetz der Betrieb folgender Gewerbe untersagt: Bewachungsgewerbe, gewerbsmäßige Auskunftserteilung über Vermögensverhältnisse oder persönliche Angelegenheiten, Handel mit Grundstücken, Geschäfte gewerbsmäßiger Vermittlungsagenten für Immobiliarverträge und Darlehen sowie des Gewerbes der Haus- und Grundstücksverwalter; gewerbsmäßige Heiratsvermittlung mit Ausnahme der Vermittlung von Ehen zwischen Juden oder zwischen Juden und jüdischen Mischlingen ersten Grades und des Fremdenführergewerbes. Außerdem werden keine Wandergewerbe- und Hausierscheine mehr an Juden ausgegeben.

11. Juli   Beschränkungen für Juden in Kur- und Badeorten: Der Reichsminister des Innern hat Richtlinien über die Regelung des Besuches auswärtiger jüdischer Kurgäste in Bädern erlassen. Die Einrichtungen, deren Benutzung jüdischen Gästen nicht oder nur in beschränktem Maße gestattet sind, müssen genau bezeichnet bzw. Beschränkungen genau angegeben sein.

Zu den Gemeinschaftseinrichtungen, von deren Benutzung jüdische Kurgäste in Heilbädern ausgeschlossen werden können, gehören auch die Strandbäder am Meer, an Flüssen, an Binnenseen, ferner Luft- und Sonnenbäder und ähnliche Einrichtungen.

23. Juli	Kennkartenzwang für Juden eingeführt. Juden müssen bei allen Dienststellen, bei allen Anfragen und Eingaben unaufgefordert auf ihre Eigenschaft als Juden hinweisen.
25. Juli	4. Verordnung zum Reichsbürgergesetz: Die Approbationen aller jüdischen Ärzte erlöschen mit dem 30. 9. 1938; in besonders genehmigten Ausnahmefällen weitere Tätigkeit für Juden nur als ›Krankenbehandler‹, die Bezeichnung ›Arzt‹ verboten.
27. Juli	Entfernung aller ›jüdischen‹ Straßennamen an geordnet. – Der ›Reichsbund der Haus- und Grundbesitzer‹ fordert die freie Kündbarkeit jüdischer Mietverhältnisse durch den Vermieter.
3. August	Das von der Konferenz von Evian geschaffene zwischenstaatliche Komitee für Flüchtlinge aus Deutschland und dem ehemaligen Österreich trat in London erstmalig zusammen. Zum Präsidenten wurde Lord Winterton, zum Direktor der amerikanische Rechtsanwalt George Rublee gewählt. In der Debatte wurde es als vordringliches Ziel bezeichnet, die Mitarbeit Deutschlands bei der Organisierung und Regulierung des Flüchtlingsstroms zu gewinnen und es zu ermöglichen, daß die Emigranten einen substantiellen Teil ihres Vermögens mitnehmen können.
10. August	Zerstörung der Nürnberger Synagoge.
17. August	Juden dürfen nur die in einem vom Reichsministerium angefertigten Verzeichnis aufgeführten Vornamen tragen. Soweit sie andere Vornamen haben (was für nahezu alle deutschen Juden zutrifft), sind sie verpflichtet, ab 1. 1. 1939 zusätzlich den Zwangsvornamen ›Israel‹ bzw. ›Sara‹ anzunehmen und bei allen Unterschriften mitzuschreiben.
29. September	Konferenz von München: Anschluß der Sudetengebiete an das Deutsche Reich, Nachgeben Englands und Frankreichs (Chamberlain, Daladier).
5. Oktober	Reisepässe der Juden ungültig. Auslandspässe werden erst wieder gültig, nachdem sie mit einem über-

druckten ›J‹ versehen sind und den Inhaber als Juden kennzeichnen. Anstelle der ungültig gewordenen Inlandspässe treten die am 23. 7. 1938 angeordneten jüdischen Kennkarten.

28. Oktober Erste Judendeportation: Vertreibung von über 15 000 ›staatenlosen‹ früheren polnischen Juden, die in Deutschland wohnten, über die Grenze nach Polen.

29. Oktober 1. Wiener Schiedsspruch der Achsenmächte: Polen und Ungarn erhalten Gebietsteile der Tschechoslowakei.

31. Oktober Sämtliche durch Ausnahmeregelung noch tätigen jüdischen Patentanwälte müssen bis zum 30. 11. 1938 ausscheiden.

7. November Attentat des polnischen Juden Herschel Grynszpan auf den deutschen Legationssekretär von Rath.

9./10. Nov. ›Reichskristallnacht‹: Staatlich organisierter Pogrom gegen die Juden in ganz Deutschland: Zerstörung von Synagogen, jüdischen Geschäften und Wohnhäusern, Plünderungen; Verhaftungen von 25 000 Juden.

10. November Goebbels gibt die Vergeltungsaktionen als ›berechtigte und verständliche Empörung des deutschen Volkes‹ bekannt und kündigt endgültige Antwort auf dem Gesetz- bzw. Verordnungswege an.

Anordnung des Reichsführers SS und Chef der deutschen Polizei, Himmler, wonach Juden jeglicher Waffenbesitz verboten ist. Zuwiderhandelnde werden sofort ins Konzentrationslager überführt und auf die Dauer von 20 Jahren in Schutzhaft genommen. (Begründung der illegalen Verhaftungen.)

12. November Besprechung über die ›Lösung der Judenfrage‹ unter Vorsitz von Göring als Beauftragtem für den Vierjahresplan mit Innenminister Frick, Propagandaminister Goebbels, Justizminister Gürtner, Finanzminister Graf Schwerin von Krosigk und Wirtschaftsminister Funk führt zu folgenden für das weitere Schicksal der Juden entscheidenden Verordnungen,

die als ›entschiedene Abwehr und harte Sühne‹ bezeichnet werden:

Verordnung über eine Sühneleistung der Juden deutscher Staatsangehörigkeit: Den Juden deutscher Staatsangehörigkeit in ihrer Gesamtheit wird die Zahlung einer Kontribution von 1 000 000 000 Reichsmark an das Deutsche Reich auferlegt.

Verordnung zur Wiederherstellung des Straßenbildes bei jüdischen Gewerbetreibenden: Alle am 8., 9. und 10. 11 1938 an jüdischen Gewerbebetrieben und Wohnungen entstandenen Schäden sind von dem jüdischen Inhaber oder jüdischen Gewerbetreibenden sofort auf eigene Kosten zu beseitigen. Etwaige Versicherungsansprüche der Juden werden zugunsten des Reiches beschlagnahmt.

Verordnung zur Ausschaltung der Juden aus dem deutschen Wirtschaftsleben: Juden ist mit Wirkung vom 1. 1. 1939 der Betrieb von Einzelhandelsverkaufsstellen, Versandgeschäften oder Bestellkontoren sowie selbständiger Handwerksbetriebe untersagt und das Handeltreiben auf Märkten, Messen und Ausstellungen verboten. Juden dürfen nicht mehr als Betriebsführer oder leitende Angestellte tätig sein, sie dürfen nicht mehr Mitglied einer Genossenschaft sein.

Auf Anordnung des Präsidenten der Reichskulturkammer (Goebbels) ist Juden ab sofort der Besuch von Theatern, Lichtspielhäusern, Konzerten, Ausstellungen usw. (mit Ausnahme der Kulturveranstaltungen im Rahmen der zugelassenen jüdischen Organisationen) verboten.

14. November Juden ist der Besuch deutscher Schulen verboten. Soweit nicht bereits geschehen, werden alle jüdischen Schüler und Schülerinnen sofort entlassen.

17. November Auf die Frage des britischen Abgeordneten Lansbury, ob innerhalb des britischen Reiches für die verfolgten Juden Platz geschaffen werden könne, antwortete der Premierminister, daß diese Angelegen-

heit nicht die britische Regierung allein betreffe; sie werde aber jede Möglichkeit der Hilfe erwägen. Am 17. November gab Ministerpräsident Chamberlain im Unterhaus bekannt, daß die britische Regierung an die Gouverneure mehrerer Kolonien, darunter auch Tanganjika, die dringende Anfrage gerichtet habe, über die Möglichkeit der Unterbringung deutscher Flüchtlinge zu berichten.

19. November   Der holländische Ministerpräsident Dr. Colijn beantwortete in der Kammer Anfragen über die Möglichkeit einer Lösung des Judenproblems. Er verwies darauf, daß alle übrigen Länder ihre Grenzen gegen jüdische Zuwanderer hermetisch abgeschlossen hätten, so daß eine Öffnung der holländischen Grenze eine Überschwemmung mit Flüchtlingen zur Folge haben würde. Es sei daher notwendig, eine internationale Verständigung in dieser Frage herbeizuführen. Die holländische Regierung habe sich daher an die Regierungen Englands, Frankreichs, der Schweiz und Dänemarks mit der telegrafischen Anfrage gewendet, ob diese Länder bereit wären, in dieser Angelegenheit einheitliche Maßnahmen zu ergreifen. Die holländische Regierung wolle mit gutem Beispiel vorangehen und habe das Einreiseverbot bereits gelockert. Die schweizerische Regierung beantwortete am 18. November die holländische Anfrage dahin, daß die Schweiz angesichts ihrer geographischen Lage, der Überfremdung und der seit Jahren bestehenden Arbeitslosigkeit für die Flüchtlinge aus Deutschland nur ein Transitland sein könne.

21. November   Durchführungsverordnung zu ›Sühneleistung‹: Die Sühneleistung wird – jetzt auch auf staatenlose Juden ausgedehnt – als Vermögensabgabe in Höhe von 20% des Vermögens in vier Raten am 15. 12. 1938, 15. 2., 15. 5. und 15. 8. 1939 eingezogen. Barzahlung, notfalls auch Wertpapiere. Vermögen unter RM 5000,– sollen frei bleiben. Da die Aufbringung

der Kontribution die Abgabepflichtigen auch zwingen kann, Juwelen, Schmuck und Kunstgegenstände zu veräußern, wurde über Anordnung des Reichswirtschaftsministeriums in Berlin eine Ankaufsstelle für Juwelen, Schmuck und Kunstgegenstände eingerichtet, die solche Wertgegenstände aus dem ganzen Reichsgebiet nach Abschätzung durch Sachverständige ankauft.

21. November   Debatte im britischen Unterhaus über das jüdische Flüchtlingsproblem. Großbritannien habe seit 1933 11 000 Flüchtlinge aufgenommen. Weitere 5000 sind weiter nach Übersee emigriert. Viele Kolonialgebiete eignen sich nicht als Auswanderungsgebiete (klimatisch oder wirtschaftlich), auch müsse man auf die eingeborene Bevölkerung Rücksicht nehmen. Man prüfe Gebiete am südlichen Hochland und im Westen von Tanganjika. Ein kleiner Versuchsplan sei für Kenia in Vorbereitung. Ähnliche Vorbereitungen in Nordrhodesien und Njassaland. Größere Niederlassung sei eventuell möglich in Britisch-Guayana. Weitere jüdische Einwanderung in Palästina sei kaum möglich. Gefahr antisemitischer Bewegungen bei Masseneinwanderung. Internationale Lösung soll angestrebt werden.

22. November   Belgien sieht sich gezwungen, die jüdische Einwanderung zu beschränken. Die Zahl der Ausländer habe sich seit der Zeit vor dem Weltkrieg von 255 000 auf 333 000 vermehrt, darunter befänden sich 90 000 Juden. Das Flüchtlingsproblem müsse auf internationaler Basis geregelt werden. Die belgische Regierung sei bereit, mit anderen Staaten alle Maßnahmen zu erwägen, um das Los der Juden in Deutschland zu erleichtern.

23. November   Durchführungsverordnung zur Verordnung über die Ausschaltung der Juden aus dem deutschen Wirtschaftsleben: Es sollen grundsätzlich alle jüdischen Betriebe aufgelöst bzw. arisiert werden.

28. November	Polizeiverordnung über das Auftreten der Juden in der Öffentlichkeit: Die zuständigen Behörden können Juden jetzt ›räumliche und zeitliche Beschränkungen‹ des Inhalts auferlegen, daß sie bestimmte Bezirke nicht betreten oder sich zu bestimmten Zeiten in der Öffentlichkeit nicht zeigen dürfen.
29. November	Juden wird das Halten von Brieftauben verboten.
29. November	Der australische Innenminister Sir John McEwen gab dem Repräsentantenhaus bekannt, daß Australien im Verlauf der nächsten drei Jahre 15000 europäische Flüchtlinge (Arier, Juden und nichtarische Christen) aufnehmen werde, und zwar unter Bedingungen, welche dem bestehenden Lebensstandard und den Arbeitsverhältnissen keinen Abbruch tun. Jeder Einwanderer müsse über ein Landungsgeld von 200 australischen Pfund verfügen oder eine Garantie für seinen Lebensunterhalt durch eine Person oder eine Organisation in Australien nachweisen können.
2. Dezember	Eine Sitzung des Subkomitees der Eviankonferenz befaßte sich mit der Frage der jüdischen Flüchtlinge aus Deutschland. Der holländische Vertreter erklärte, daß sich seine Regierung mit der Frage der Ansiedlung von Juden in Holländisch-Guayana und in Westindien befasse. Der Vertreter Frankreichs gab bekannt, daß seine Regierung die Unterbringung von 10000 Juden, vor allem im mittleren Madagaskar, erwäge. Der britische Vertreter wiederholte im wesentlichen den diesbezüglichen Bericht Chamberlains im Unterhaus. Der amerikanische Vertreter gab der Hoffnung Ausdruck, daß ein großer Fonds für die Unterstützung der Flüchtlinge gebildet werde.
3. Dezember	Ausgangssperre für Juden am ›Tag der Nationalen Solidarität‹ von 12 bis 20 Uhr. Juden das Führen und Halten von Personenkraftwagen und Krafträdern verboten. Führerscheine

und Zulassungsscheine sind unverzüglich abzuliefern.
Einführung des sogen. ›Judenbannes‹ in Berlin:
Juden wurde mit Wirkung vom 6. Dezember untersagt, folgendes Gebiet zu betreten: Wilhelmstraße
von der Leipziger Straße bis ›Unter den Linden‹,
Wilhelmsplatz, Voßstraße von der Hermann-
Göring-Straße bis zur Wilhelmstraße (vor der
Reichskanzlei), die nördliche Seite der Straße ›Unter
den Linden‹ vor dem Reichsehrenmal von der Universität bis zum Zeughaus. Verordnung über den
Einsatz des jüdischen Vermögens ›zur Gesamtentjudung der deutschen Wirtschaft‹: Zwangsveräußerung von land- und forstwirtschaftlichen Betrieben
und Grundeigentum, Juden dürfen keine Grundstücke oder entsprechende Rechte erwerben, Depotzwang für Wertpapiere; Erwerb, Verpfändung
und Veräußerung von Juwelen, Schmuck- und
Kunstgegenständen verboten, Verkauf nur an die
vom Staat eingerichteten Ankaufsstellen zu deren
Preisen erlaubt usw.

5. Dezember   Einführung der Judengesetzgebung im Freistaat
Danzig.

6. Dezember   Deutsch-französische Nichtangriffserklärung.

12. Dezember   Juden dürfen im Reiseverkehr nur die zum persönlichen Gebrauch unbedingt erforderlichen Gegenstände nach dem Ausland mitnehmen. Devisen
unterliegen einer besonderen Sicherungsanordnung.

21. Dezember   Jüdinnen erhalten keine Erlaubnis zur Niederlassung als Hebamme.

———— 1939 ————

15. Januar   Juden werden zu Prüfungen bei Handwerks- sowie
Industrie- und Handelskammern nicht mehr zugelassen. Zur Erleichterung der Auswanderung können Bescheinigungen über Berufsausbildung und
Fachkenntnisse ausgestellt werden.

16. Januar	Die öffentlichen Pfandleihanstalten werden Ankaufsstellen für Edelmetall und Schmuck der Juden, bei Werten von über RM 1000,– jedoch nur die öffentliche ›Ankaufsstelle für Kulturgut‹.
17. Januar	Hitler verfügt auf Vorschlag Görings u. a.: teilweise Aufhebung des Mieterschutzes für Juden; Juden die Benutzung von Schlaf- und Speisewagen untersagt; der Judenbann wird auf bestimmte Gaststätten und Hotels, in denen die Parteiprominenz verkehrt, ausgedehnt; ›jüdische Patente werden als Vermögensrechte angesehen und arisiert‹.
24. Januar	Heydrich wird beauftragt, ›die Judenfrage in Form der Auswanderung oder Evakuierung einer den Zeitverhältnissen entsprechenden möglichst günstigen Lösung zuzuführen‹; Heydrich übernimmt die Zentralstelle für jüdische Auswanderung.
30. Januar	Hitler prophezeit in einer großen Reichstagsrede für den Fall eines Krieges die ›Vernichtung der jüdischen Rasse in Europa‹.
1. Februar	Das Gesetz über jüdische Vornamen (Israel, Sara) tritt auch in der Ostmark und im Sudetenland in Kraft.
9. Februar	Neue Bestimmungen zur Vermögensabgabe (siehe 12. 11. 1938): Juden müssen alle Wertgegenstände und Kunstgegenstände verkaufen, um die Abgabe bar zu bezahlen, bevor Wertpapiere und Grundstücke in Zahlung genommen werden.
10. Februar	Juden können im Falle der Auswanderung die ›Reichsfluchtsteuer‹ auch durch Hinterlegung von Wertpapieren oder Sicherungsübereignung von Grundbesitz entrichten.
14. Februar	Das interstaatliche Komitee der Eviankonferenz plant die Schaffung einer privaten internationalen Körperschaft, welche die Auswanderung der Juden aus Deutschland und ihre Ansiedlung in anderen Ländern finanzieren soll, und beschließt, Deutschland davon in Kenntnis zu setzen, daß das Komitee sich bemühen werde, innerhalb von fünf Jahren für

	alle deutschen Flüchtlinge eine Heimstätte zu finden.
21. Februar	Juden zur Ablieferung aller Gegenstände aus Gold, Silber, Platin, Edelsteinen und Perlen innerhalb von zwei Wochen bei den öffentlichen Ankaufsstellen verpflichtet; nur die Eheringe dürfen sie behalten.
15. März	Einmarsch der deutschen Wehrmacht in der ›Rest-Tschechoslowakei‹; Bildung des ›Reichsprotektorats Böhmen und Mähren‹ und der selbständigen Slowakei unter deutschem Schutz.
23. März	Deutsche Truppen marschieren ins Memelgebiet ein.
30. März	Ausdehnung der Judengesetzgebung auf das Protektorat Böhmen und Mähren.
31. März	Englisch-französische Garantieerklärung für Polen.
17. April	Die Mitnahme von Umzugsgut bei der Auswanderung von Juden kann von der Leistung einer besonderen Abgabe abhängig gemacht werden (im allgemeinen 100% des Wertes der mitzunehmenden Gegenstände).
28. April	Hitler kündigt in einer Reichstagsrede das deutsch-britische Flottenabkommen von 1935 und den deutsch-polnischen Nichtangriffspakt von 1934. Er wiederholt – nach einer polnischen Ablehnung – seine Forderung auf Danzig und eine exterritoriale Straße durch den polnischen ›Korridor‹.
30. April	Das ›Gesetz über Mietverhältnisse mit Juden‹ hebt den gesetzlichen Mieter- und Räumungsschutz für Juden zum großen Teil auf, ermöglicht vorzeitige Kündigungen, erlaubt Untermietverhältnisse nur von Juden bei Juden. Damit wird die gesetzliche Grundlage für die Zusammenlegung jüdischer Familien in ›Judenhäusern‹ geschaffen.
8. Mai	Juden wird die gewerbsmäßige Reisevermittlung untersagt.
19. Mai	Von Juden bewohnte Räume in Berlin sind anmeldepflichtig.

22. Mai	Abschluß eines deutsch-italienischen Militärbündnisses (›Stahlpakt‹).
12. Juni	Beginn der diplomatischen Verhandlungen der Westmächte mit der Sowjetunion.
4. Juli	10. Verordnung zum Reichsbürgergesetz: Zusammenfassung der Juden in der ›Reichsvereinigung der Juden in Deutschland‹. (Zweck: Förderung der Auswanderung.) Die Reichsvereinigung ist außerdem Träger des jüdischen Schulwesens und der jüdischen Wohlfahrtspflege. Die Reichsvereinigung untersteht dem Innenministerium. Juden dürfen nur noch von der Reichsvereinigung unterhaltene Schulen besuchen.
20. Juli	Der britische Hochkommissar für Palästina hat die jüdische Einwanderung für die nächste Zeit sistiert. Kolonialminister Malcolm MacDonald begründete diese Maßnahme im Unterhaus mit dem außerordentlichen Ansteigen der illegalen Einwanderung. In den letzten sechs Monaten seien auf legalem Wege über 10 000 Emigranten eingewandert. Überdies seien etwa 8000 illegale Einwanderer in der gleichen Zeit nach Palästina gekommen, bzw. warteten bereits auf Schiffen in den Häfen auf die Bewilligung.
29. Juli	Der ›Tschechisch-arische Kulturrat‹ fordert radikale Verschärfung der Judengesetzgebung im Protektorat Böhmen und Mähren (u. a. gefordert, daß die Juden ein auffallendes Kennzeichen tragen sollen!)
16. August	Juden müssen für ihr Barvermögen Sicherungskonten einrichten, über die sie nur beschränkt verfügen können.
23. August	Abschluß eines deutsch-russischen Nichtangriffs- und Konsultativpaktes mit einem geheimen Zusatzprotokoll, in dem Ostpolen, Estland, Lettland, Finnland und Teile von Südosteuropa der sowjetischen Interessensphäre zuerkannt werden.
1. September	Der deutsche Überfall auf Polen: Beginn des Zweiten Weltkrieges, Ultimaten Großbritanniens und Frankreichs.

1. September	Ausgangsbeschränkungen für Juden verhängt (im Sommer ab 21.00 Uhr, im Winter ab 20.00 Uhr Ausgangssperre).
3. September	England und Frankreich erklären Deutschland den Krieg.
21. September	Heydrich bereitet Errichtung von Ghettos in Polen vor. Erste Judenpogrome.
23. September	Die Juden müssen sofort – noch an diesem Tag (Versöhnungsfest, höchster jüdischer Feiertag) – ihre Radiogeräte bei der Polizei abliefern; entschädigungslose Beschlagnahme.
1. Oktober	Ende des polnischen Widerstandes.
6. Oktober	Hitler verkündet vor dem Reichstag Umsiedlungspläne für Polen und Isolierung der polnischen Juden.
10. Oktober	Die Judenvermögensabgabe (Sühneleistung) wird von 20% auf 25% erhöht.
12. Oktober	Erste Deportation von Juden aus der ›Ostmark‹ und dem Protektorat Böhmen und Mähren nach Polen.
25. Oktober	Vertreibung von polnischen Juden über den San in sowjetisches Gebiet.
28. Oktober	Erste Einführung des Judensterns in Polen (Wloclawek).
15. November	Die deutschen Behörden müssen die am 25. 10. auf sowjetisches Gebiet vertriebenen Juden wieder zurücknehmen.
23. November	Einführung des Judensterns im ganzen Generalgouvernement (Polen).

221

Personen- und Ortsregister

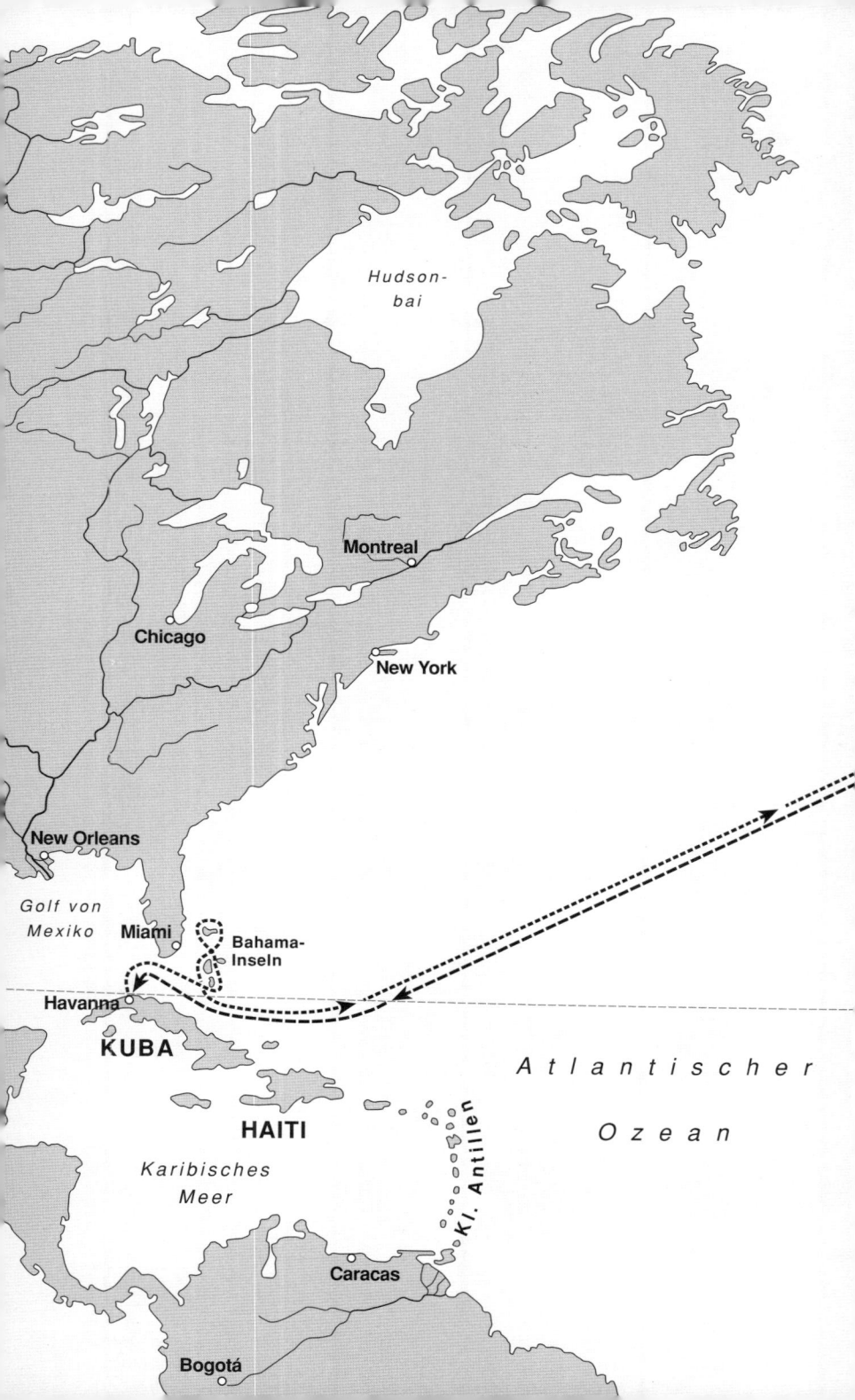